中国梦是什么

CHINA DREAM

曾凡光 冯胜平等 著

SPM
南方出版传媒
广东人民出版社
·广州·

图书在版编目（CIP）数据

中国梦是什么/曾凡光　冯胜平等著. —广州：广东人民出版社，2013.10（2019.5 重印）

ISBN 978-7-218-08722-1

Ⅰ. ①中…　Ⅱ. ①曾… ②冯…　Ⅲ. ①社会主义建设模式—研究—中国　Ⅳ. ①D616

中国版本图书馆 CIP 数据核字（2013）第 130279 号

Zhongguomeng Shi Shenme

中国梦是什么

曾凡光　冯胜平等　著

出 版 人： 肖风华

选题策划： 何祖敏　曾　莹
责任编辑： 卢雪华　曾玉寒　黎　捷
封面设计： 李桢涛
插　　图： 赵晓苏
速　　记： 深圳市普度文化发展有限公司
责任技编： 周　杰　吴彦斌

出版发行： 广东人民出版社
地　　址： 广州市海珠区新港西路 204 号 2 号楼（邮政编码：510300）
电　　话：（020）85716809（总编室）
传　　真：（020）85716872
网　　址： http://www.gdpph.com
印　　刷： 天津画中画印刷有限公司
书　　号： ISBN 978-7-218-08722-1
开　　本： 787mm × 1092mm　1/32
印　　张： 7.125　　**字　数：** 150 千
版　　次： 2013 年 10 月第 1 版　2019 年 5 月第 5 次印刷
定　　价： 28.00 元

如发现印装质量问题，影响阅读，请与出版社（020 - 85716808）**联系调换。**
售书热线：（020）85716826

中国梦是什么

CHINA DREAM

中国梦，是什么
中国梦，为什么
中国梦，怎么样
中国梦，百年寻
中国梦，怎实现
中国梦，我的梦

本书以通俗易懂的语言，图文并茂的形式为您一一解读。

中国梦是追求和平的梦。中国梦需要和平，只有和平才能实现梦想。天下太平、共享大同是中华民族绵延数千年的理想。历经苦难，中国人民珍惜和平，希望同世界各国一道共谋和平、共护和平、共享和平。历史将证明，实现中国梦给世界带来的是机遇不是威胁，是和平不是动荡，是进步不是倒退。拿破仑说过，中国是一头沉睡的狮子，当这头睡狮醒来时，世界都会为之发抖。中国这头狮子已经醒了，但这是一只和平的、可亲的、文明的狮子。

中国梦是追求幸福的梦。中国梦是中华民族的梦，也是每个中国人的梦。我们的方向就是让每个人获得发展自我和奉献社会的机会，共同享有人生出彩的机会，共同享有梦想成真的机会，保证人民平等参与、平等发展权利，维护社会公平正义，使发展成果更多更公平惠及全体人民，朝着共同富裕方向稳步前进。

中国梦是奉献世界的梦。“穷则独善其身，达则兼善天下。”这是中华民族始终崇尚的品德和胸怀。中国一心一意办好自己的事情，既是对自己负责，也是为世界作贡献。随着中国不断发展，中国已经并将继续尽己所能，为世界和平与发展作出自己的贡献。

——摘自习近平在中法建交50周年纪念大会上的讲话

前　言

2012年11月29日，在国家博物馆这一极具象征意义的地方，在新一届中央领导集体参观“复兴之路”展览现场，习近平总书记向全世界宣示了一个新的中国词汇——中国梦。

他说：实现中华民族伟大复兴，就是中华民族近代以来最伟大的梦想。

2013年3月17日，在十二届全国人大一次会议闭幕式上，习近平主席代表新一届党和国家领导人，再次畅谈“中国梦”。

他说：实现中华民族伟大复兴的中国梦，就是要实现国家富强、民族振兴、人民幸福。

话语一出，举国热议。大河上下，长城内外，人不分南北，地不分东西，都在谈论“中国梦”。

“中国梦”，是什么？

它是执政党的一个梦想，也是整个中国共同的梦想！

它是中国共产党新一届中央领导集体“治国理政的新方略”，也是一个能在13亿中国人心中激起共鸣的目标！

它是一个热情飞扬的发展愿景，也是对中国特色社会主义道路、理论、制度的诗意阐述！

它用老百姓的语言凝炼和概括了当代中国的核心价值，

也对中国的未来进行了庄严而朴实的承诺！

它承载着百年的渴望和千年的理想，引领我们踏上新的圆梦的征程！

国家好，民族好，大家才会好。

“中国梦”以时代的强音、理论的强音，激发起13亿中国人民空前的奋斗热情和力量。

从2012年初冬到2014年暮春，岁月长河中不过是匆匆一瞬。

由新一届中央领导集体领航的“中国号”巨轮，却在全球化的洋流中劈波斩浪，华丽转身，在中华民族伟大复兴的航道上镌刻下新的历史标注。

十年的科学发展，十年的中国崛起，十年间由世界第六飙升到世界第二，为我们留下了丰富的经济财富和制度遗产。

然而高速的发展、历史的包袱和制度的惯性，也给我们留下了数不清的问题：

两极分化、体制弊端、劳资纠纷、群体事件、生态恶化、道德滑坡、官员贪腐、社会断裂……

大至国际问题、民生问题、吏治问题、环境问题，小至医药问题、食品问题、拆迁问题、上学问题……

还有更深层的政治转型、经济转型、社会转型、文化转型乃至国家转型问题等等。

样样都不省心，样样都是挑战。样样告诉我们：中国已经站在新的历史起点上，这是实现中国梦、实现伟大复兴的新的端点！

面对新形势新任务，党中央在对世情、国情、党情深刻洞察和科学把握基础上，提出一系列新思想、新观点、新论断。

权为民所用，情为民所系，利为民所谋，权为民所赋。

不走过去封闭僵化的老路，也不走改旗易帜的邪路。

改革开放只有进行时没有完成时。

从盒仔饭、大盆菜、庆丰包子、160元伙食费到“照镜子、正衣冠、洗洗澡、治治病”；从“讲实话、干实事，敢作为、勇担当，言必信、行必果”到“把群众工作做实、做深、做细、做透”，“把人民利益维护好、实现好、发展好”；从“空谈误国，实干兴邦”到“实事求是，群众路线，自力更生”……

改革发展稳定，治党治国治军，内政外交国防……闯新路、开新局，一个个重要部署有序展开。

500多天的改革攻坚，干成了一些“多年想干而未干成”的事情，不仅稳住了增长、推动了转型、改善了民生，也为全面深化改革蹚出了新路。

2013年11月，被寄以厚望的中共十八届三中全会通过了《中共中央关于全面深化改革若干重大问题的决定》，国际媒体评价“这份蓝图是中国执政党近年来最具雄心的改革计划”。

中国改革开放进程迎来又一个里程碑，“两个百年”目标又跨出新的一步，中国梦又增添新的亮丽色彩。

面对世界经济复苏艰难、国内经济下行压力加大、多重矛盾交织的复杂形势，经济增长率下降的趋势被扭转，新的经济增长点被发掘，中国经济稳中向好。

国内生产总值比上年增长7.7%，城镇居民人均可支配收入实际增长7%，农村居民人均纯收入实际增长9.3%……

从经济总量大国到人均GDP翻一番的小康社会，中国梦的实现，有了更加稳健的基础。

正因为如此，2014 年 3 月 27 日，法国巴黎，中国国家主席习近平满怀自信地告诉世界：

中国梦是追求和平的梦，中国梦是追求幸福的梦，中国梦是奉献世界的梦。

一个全新的中国已站在世界的舞台中央，用全球通用的语言，向世界各国讲述中国正在发生的精彩故事。

沉睡百年，雄狮已醒。

这是一只和平的、可亲的、文明的狮子。它带给世界的，不是威胁，而是机遇；它带给自己的，不是昏睡，而是奋斗。

中国梦是全体中华儿女的梦，是 13 亿中国人的梦，中国还有许多事情要做：

城镇化，宽带中国，丝绸之路经济带，将权力关进制度的笼子，逐步释放制度红利，解决发展与环境资源矛盾，“五位一体”建设“美丽中国”……

有梦就有思想，有思想就有目标，有目标就需要勤奋努力。

有梦想，有机会，有奋斗，一切美好的东西都能创造出来。

这个世界只有想不到的，没有做不到的！

我们共同享有人生出彩的机会，共同享有同祖国和时代一起成长与进步的机会。

中华民族与伟大复兴的距离从未如此之近，只要我们顽强奋斗、艰苦奋斗、不懈奋斗，就能迎来梦想成真的时刻。

目　录

第一章
中国梦，是什么

根据时代的变化、国情的变化、世情的变化、民情的变化，提出适时的施政方略，是中国共产党一以贯之的传统。

党的十一届三中全会以来，党的历次重要会议时期，都有简约、凝炼、深入人心的方略策筹：

从十一届三中全会后的“改革开放”，十四大的“社会主义市场经济”，十五大的“‘三个代表’重要思想”，十六大后的“科学发展观”，十七大的“和谐社会”，直到十八大，鲜花、掌声和号角中响起的中国梦。

这是中国共产党治国理政的新思想、新观念，是以习近平同志为总书记的新一代中央领导集体面向21世纪前50年提出的施政方略。

邓小平曾经说过，我们共产党人的最高理想是实现共产主义，在不同历史阶段又有代表那个阶段最广大人民利益的奋斗纲领。

正是有了这些新方略、新策谋、新筹划，中国共产党才能够团结和动员最广大的人民群众，万众一心，矢志不移走向改革开放，走向发展腾飞，走向中华民族伟大的复兴！

一、时代方略

当前，世情、国情、党情发生的深刻变化，对党的执政方向、执政水平提出了更高的要求，中国需要与时俱进地提出施政方略，把握历史机遇、应对各种艰难挑战。

梦想，是一个国家和民族前行奋进的灯塔。

一个没有梦想的民族，根本无法在世界民族的竞争中生存。

中国这样一个人口大国，要想继续在发展道路上有所作为，就要树立自己的目标、坚定自己的梦想。

无论是汉语语汇还是西方语汇，“梦”与“梦想”都表达着人类最天真最无邪最美丽最可爱的愿望，都表达着人类为实现美好愿望而付诸行动的渴望，都表达着人类心中的愿景和对未来的追求。

中国人对未来的追求和愿景是什么？是全面建成小康，是实现“富强、民主、文明、和谐”的社会主义现代化。

中华民族是一个富有梦想的民族，也是一个富有逐梦

中国人对未来的追求和愿景是什么？是全面建成小康，是实现“富强、民主、文明、和谐”的社会主义现代化。

激情、勇气、韧性和智慧的民族。

他们的梦想，亘古至今，穿越时空，深深熔铸到中华民族的民族精神、民族性格之中。

他们的梦想，凸显于不同的历史时期与时空境遇之中，成为中华民族特定历史阶段民族梦想的主题。

世界历史上，一个梦想变成一个活生生的现实，最突出的事例，莫过于社会主义由空想到科学到实现的过程。

16 世纪，托马斯·莫尔在《乌托邦》一书中提出了空想社会主义，又称乌托邦社会主义（utopian socialism）的思想。

19 世纪初，盛行于西欧的空想社会主义发展到顶峰。圣西门创立了空想社会主义学说，傅立叶领导了空想社会主义运动，欧文进行了空想社会主义的社会实验，他们对未来的理想社会提出了许多美妙的天才设想。

19 世纪 40 年代，马克思、恩格斯以辩证唯物主义和历史唯物主义，批判继承了空想社会主义的思想成果，使社会主义从空想变成了科学。

20 世纪初期、中叶，列宁、毛泽东分别在苏俄和中国领导了科学社会主义的实践，成功建立了社会主义国家，实现了社会主义制度。

20 世纪后期、21 世纪初期的中国，改革开放、市场经济、科学发展，使社会主义表现出强大的生命活力，不断改变着中国，改变着世界。

当前，世情、国情、党情发生的深刻变化，对党的执政方向、执政水平提出了更高的要求，中国需要与时俱进地提出施政方略，把握历史机遇、应对各种艰难挑战。

中国梦，在中国经济社会转型的大背景下，打开了一个新的发展想象和新的追求空间。

在 1949 年前的 100 年时间里，世界发生了两次工业革命，命途多舛的中华民族因为外敌入侵与内战不绝而错过了。

第一次工业革命发生在 18 世纪晚期，崛起的国家是英国，能源是煤炭，通讯方式是报纸、杂志以及书籍，标志性产业是铁路、蒸汽机，生产方式是工厂机器生产代替作坊手工制作。

第二次工业革命是20世纪早期，使美国、德国迅速崛起，能源是石油，通讯方式是电话、收音机、电视机，标志性产业是电力、汽车，主要是汽车，生产方式是大规模流水线自动化机器生产。

美国学者杰里米·里夫金发现，历史上数次重大的经济革命都是在新的通讯技术和新的能源系统结合之际发生的。他发现，进入21世纪，新的通讯技术和新的能源系统结合将再次出现——互联网技术和可再生能源将结合起来。据此，他认为，这一结合为第三次工业革命创造强大的新基础设施，第三次工业革命正在兴起。

在杰里米·里夫金看来，第三次工业革命最明显的特点是，金砖五国（巴西、俄罗斯、印度、中国、南非）的崛起，可再生能源主要是太阳能、风能等广泛应用，通讯方式是互联网，标志性产业是3D打印（三维制造），生产方式分散合作式、个性化、就地化、数字化生产。

根据前两次工业革命的经验，我们可以预见到第三次工业将带来三个巨大的转变：

一是批量化向个性化转变。我们的服装过去是大批量生产后，由顾客到商店购买，今后将发展成为根据顾客的需要订做。这种订做在今天会推高生产成本，但有了3D打印技术，成本的增加几乎为零。

二是集中化向分散化转变，特别是能源方面。数以亿计的人们将在自己家里、办公室里、工厂里生产出自己的绿色能源，并在“能源互联网”上与大家分享，这就跟我们现在在网上发布、分享消息一样。

能源民主化将从根本上重塑人际关系，它将影响我们如何做生意，如何管理社会，如何教育子女和如何生活。

三是素质化向智能化转变。这个转变现在已经逐现端倪，那就是工业机器人的大量使用。

我们曾经错过了第一次工业革命和第二次工业革命的机遇。第三次工业革命的机遇，时不再来，时不我待，复兴的中国必须通时达变，与时偕行，与时俱进。

历史是一个百变的仙女，她在给予我们巨大机遇的同时，也给我们带来空前的压力。当前的中国，面临着来自自身与外界的五重压力：

一是“后金融危机时代”和主权债务危机持续发酵的压力。

受此影响，西方主要三大经济体——美国、日本、欧盟也正面临着其带来的四大困扰：

债务困扰。截至 2013 年 10 月 16 日美国的债务总规模已增长至 16.7 万亿美元，相当于美国全年国内生产总值；截至 2010 年欧盟特别是希腊的债务是其 GDP 的 124.9%；至 2012 年 3 月，日本债务已接近其国内生产总值的 200%。

货币政策困扰。日本、美国纷纷实行宽松货币政策，导致美元、日元贬值，要命的是这种宽松货币政策目前暂时看不到头。

就业困扰。美国现在的失业率达8%，日本为6%。

发展困扰。这些国家的经济发展速度都降下来了，日本为2%、美国为2.2%。

在国际大环境下，在经济全球化、区域经济一体化的大背景下，中国的发展不可避免地受到后金融危机时代带来的出口、汇率、通货膨胀等困扰。

二是面临传统安全领域和非传统安全领域的压力。

过去，中国在领土、领海等传统安全领域没有什么压力。随着“十二五”规划中海洋大国、海洋强国战略的提出，意味着中国要走向大海、走向深蓝，由此而来的是一连串问题，诸如东海钓鱼岛问题、南海黄岩岛问题等等。此外，如海啸、地震、“非典”等非传统安全领域也带来巨大压力。

三是面临“中等收入陷阱”的压力。

所谓的“中等收入陷阱”是指当一个国家的人均收入达到世界中等水平（国际公认的标准为人均 GDP 为 3000～6000 美元）后，由于不能顺利实现经济发展方式的转变，导致经济增长动力不足，最终出现经济停滞的一种状态。

巴西、阿根廷、墨西哥、智利、马来西亚等发展中国家，在 20 世纪 70 年代均进入了中等收入国家行列，但直到 2007 年，这些国家仍然挣扎在人均 GDP 3000～5000 美元的发展阶段，并且见不到增长的动力和希望。

进入这个时期，经济快速发展积累的矛盾集中爆发，原有的增长机制和发展模式无法有效地应对由此形成的系统性风险，经济增长容易出现大幅波动或陷入停滞。大部分国家则长期在中等收入阶段徘徊，迟迟不能进入高收入国家行列。中国已经到了必须认真研究这个问题的时候。

四是经济结构转型升级与经济平稳增长的压力。

早在 1995 年制订“九五”计划时，中国就提出要推进经济的转型升级，从“九五”到“十二五”，时间过去了 18 年，中国的转型升级取得了一些成绩，但经济结构不合理、经济增长方式不科学的问题仍然没有出现根本性的转变。进入 2010 年“十二五”时期，中国已经到了非转不可的时候，“这是一场非打赢不可的硬仗”。但是，转型升级涉及速度问题，转型升级的过程，就像开车变道一样，变道前车辆保持适当的低速有利于看清道路、辨明方向。转型升级必然会放缓发展速度。

从 2012 年开始，中国的经济增长速度已经逐渐慢了下来。2012 年第一季度的增速为 8.1%，第二季度降为 7.6%，第三季度为 7.4%，第四季度为 7.9%；2013 年第一季度为 7.7%。

一般来说，国内生产总值 GDP 每增加一个百分点就可以增加 100 万～120 万的就业。经济增速放缓，首当其冲的影响是民生之本——就业。

一方面要转型升级，另一方面要保证就业，这是一个矛盾体，要保持高超的技术才能既推动转型升级又确保民生之本。

五是如何启动新一轮改革和解决中国发展动力不足的压力。

经过30多年的改革开放，改革已经从“摸着石头过河”进入了“深水区”、攻坚期。在改革开放初期，无论是联产承包制、乡镇企业改革还是股份制，都是由基层发起、“自下而上”式的改革。一项改革往往能够找到普遍受益点，“存量”动不了可以动“增量”。到今天，各方面、各层次的利益相互交织、盘根错节，改革的“增量”和“存量”已经形成联动。

改革，简单讲就是利益关系的再调整。30多年前开始的改革，主要是摆脱意识形态的束缚，现在的深化改革则是要打破利益格局的制约。改革难度有多大？李克强总理对中外记者说：触动利益往往比触及灵魂还难。

改革的靶子就是调整利益关系，打破阶层固化、利益固化。改革的水很深，但再深的水也得蹚，因为它关乎国家的前途、民族的命运，别无选择。

在历史机遇的关口，在发展转型的躁动与深化改革的焦虑中，中国需要一个新的理念，重聚社会共识，实现发展的目标；需要激发新的动力引擎，加快发展步伐，跟上世界的潮流；需要一个新的方略，校正发展的方向，构建新的社会图景；需要一个新的精神纬度，追问富强、振兴、幸福和生活的意义。中国梦，应运而生。

二、发展愿景

中国梦的背后，蕴藏着绵延已久的“家国天下”情怀，折射着内心深处的“命运共同体”意识，凝聚着“振兴中华”的探索与奋斗。

什么是中国梦？

中国梦有哪些内涵？

广东省省情调查研究中心的专项调查显示，不同的人对中国梦有不同的理解：吃得安心、穿得随心、住得舒心、活得开心、老了也不用担心……林林总总回答的背后，都指向着一个总体的目标，即人民幸福，体现出中国人传统的国家、民族、个人的情怀。

——实现中华民族伟大复兴的中国梦，就是要实现国家富强、民族振兴、人民幸福。

环顾全球，有哪个民族，像中华民族这样，历经苦难与辉煌？有哪个国家，像中国这样，在持续奋斗中，始终坚持着同一个梦想？中国梦的背后，蕴藏着绵延已久的“家国天下”情怀，折射着内心深处的“命运共同体”意识，凝聚着“振兴中华”的探索与奋斗。

国家不富强，就会被欺侮；民族不振兴，无以担当世界责任。“国家富强，民族振兴”不是重建“中央帝国”的威仪，再现“万国来朝”的盛象；不是简单地“梦回汉唐”，重寻昔日的荣光；也不是睡狮猛醒威慑四方。“国家富强，民族振兴”是立足当下，内怀历史，面向未来的前进之梦、进步之梦；是追求和平的梦、追求幸福的梦、奉献世界的梦；是要让发展中的中国经济发展、政治昌明、文化繁荣、社会和谐，到本世纪中叶成为富强民主文明和谐的社会主义现代化国家。

国家富强、民族振兴的标准是什么?

GDP、原子弹、财政收入、外汇储备……一个都不能少。总括起来就是三个方面的强大：一是国防，二是经济，三是科技。

国防强大意味着国家强大。

元朝的成吉思汗、忽必烈，一代天骄，弯弓射大雕。他们生于马背，驰骋草原，全民皆兵，骁勇善战，为战争而生，为生存而战。国防力量强大，民族十分强大，最终成为中国的主宰。清朝的努尔哈赤和皇太极，带领八旗子弟，铸造了强大的军事国防力量，一路从东北打入中原。这两个朝代都因为它们无比强大的军事力量，实现了国家富强。

经济发展可以使一个国家实现国家富强、人民富裕的终极目标。一个国家的经济如果衰败，这个国家的人民就过不上幸福美满的日子。中国自从改革开放以来，取得了举世瞩目的发展成就。人民高声歌唱：我们唱着春天的故事，改革开放富起来。

以上海浦东新区为例，30 年前的浦东，人们靠捕鱼为生，是一个“乡下”地方。30 年后的浦东，成为国际化大都市——上海不可缺少的一部分，向整个中国，乃至整个世界展示出它的魅力。浦东新区成为了名副其实的“东方之珠”，验证了经济对一个地区、一个国家乃至整个世界的重要性。

科学技术是第一生产力。国家的科技实力，是衡量一个强国的标准。

二战时期，美国和苏联凭借着强大的科技实力，一下子蹿到了世界顶级强国的行列，把其他国家远远抛于脑后。冷战后，苏联解体，美国因其越来越强大的科技实力，成为世界第一强国，其他国家只能尾随其后，无人能撼动它第一的位置。从“两弹一星”到近几年不断发射卫星与载人航天飞船，中国科技实力不断增强，渐渐脱颖而出，迈入强国的行列。

国家富强与否、民族是否振兴，老百姓也会有切身体会。

还记得前几年的撤侨事件吗？

“撤侨”，指的是一个国家的政府通过外交手段，把侨居在其他国家的本国公民撤回本国政府的行政区域的外交行为。撤侨的成功与否，与一个国家的综合实力、在国际社会上的威信休戚相关。早在 2006 年，中国政府在所罗门群岛爆发骚乱后所采取的撤侨行动，包括协助撤离非中国国籍的华人，就显示其维护海外国民以至华人安全方面日益茁壮的大国实力和自信。

2011 年春，北非利比亚国内局势动荡。有鉴于此，我国驻利比亚使馆通过海、陆、空三种方式从利比亚撤离，此次撤侨人数多达 3 万，是 1991 年海湾战争时美国撤侨人数的二十几倍。

一位在吉尔吉斯斯坦工作的中国人说："在外国求学与工作的中国人都少不了一种远离家乡的漂泊感，在当地安全局势严重恶化的时候，在异国他乡遭遇人身安全的威胁时，不安与无助也许是每个华人都必须面对的。这时祖国派来的撤侨专机不仅是对在利比亚华人人身安全的及时援助，更是在精神上给予了他们一种无可取代的安全感。及时的援助给在吉华人带来雪中送炭的安全感，令他们对自己的祖国产生一种感激之情。祖国强大的一面充分展示出来，和吉尔吉斯斯坦的混乱局势相比，对身为中国人的自豪感油然而生。"

2014 年 3 月 8 日，正是全国两会召开的日子，马来西亚航空公司 MH370 客机载着 239 人飞往北京，在凌晨 2 点 40 分客机失联，其中有 154 名中国人。失联客机上乘客的生命安全牵动着全国人民的心。习近平总书记、李克强总理等党和国家领导人多次指示要求全力开展搜救，并亲自做有关国家领导人工作。中国动用了 21 颗卫星、10 余艘舰艇和数十架次飞机进行搜救。

3月24日晚上，马来西亚方面宣布MH370在南印度洋坠毁，机上无一人生还。但中国仍没放弃，搜寻力量不减，12艘舰船、8架舰载直升机、3架固定翼飞机到达南印度洋海域开展搜寻，中国成为水面搜救主力。

强国是为了富民。没有人民富裕，发展就不算成功；没有人民幸福，复兴就不算完成。

实现中华民族伟大复兴，就是要让中国人民有更好的教育、更稳定的工作、更满意的收入、更可靠的社会保障、更高水平的医疗卫生服务、更舒适的居住条件、更优美的环境，让我们的孩子成长得更好、工作得更好、生活得更好。

一语括之，就是要让中国人民过上更加富裕、更有尊严的生活，实现每个人自由而全面的发展。

从整体看，中国梦是民族复兴、国家强盛之梦；从个体看，中国梦是生活幸福、人生出彩之梦。

每一个人心中都有一个梦，都有追求幸福生活、享受幸福生活的权利。

其中最明显的就是，十八大一闭幕，全体国民都对报告中的“美丽中国”寄予厚望。“美丽中国”不仅关乎国家发展、经济转型，更是关乎人民的生存环境。

为什么？

原因很简单，现在世界面临着三大风险：第一是全球生态安全、气候变化、经济危机、社会冲突。第二是区域生态服务、资源枯竭、环境污染、生境退化。第三是人群

每一个人心中都有一个梦，都有追求幸福生活、享受幸福生活的权利。

生态健康、环境病加剧、适应能力降低、生态系统脆弱。

人民追求的幸福，不仅是物质层面的幸福，同时也希望在精神层面得到满足。也就是说，现阶段和未来中国的发展目标，除了经济发展的硬指标，还有法治环境、人民权利、政府为公等软环境，都是中国梦的必然组成部分，这一部分在人民心目中的分量，自改革开放以来，特别是进入 21 世纪以来，所占的比重越来越大。

追求目标的多样化、全面化、人性化，最终指向一个总标靶——只有这个国家的绝大多数人都感到生活在这片960 万平方公里的土地上是一件幸福的事情，中国梦才有意义。

从这个意义说，在中国梦的概念里，国家富强、民族振兴是中国梦的保障，人民的幸福和安康、社会公平、政治清明、法制健全、人民权利得到充分尊重和保障，才是中国梦的终极目的。

也正是从这个意义上说，中国梦是中国的国家梦，也是中华民族的民族梦，但最主要和最重要的是，她是包括海外华人在内的全体中国人的梦。

三、道路选择

> 走老路，中国必穷，是一条死路；走西化道路，中国必乱，同样是死路一条。唯一的选择是要走一条新路，也就是走中国特色社会主义道路。

中国真正进入全球化的坐标体系，也就在这短短30多年。

就是在这30多年里，我们写下了让世界惊叹的“中国故事”。

从硝烟弥漫的革命年代，到激情燃烧的建设岁月，再到波澜壮阔的改革时期，在不断探索和奋斗中，我们形成和发展了中国特色社会主义道路。

习近平同志指出：实现中国梦必须走中国道路，这就是中国特色社会主义道路。实现中国梦必须弘扬中国精神，这就是以爱国主义为核心的民族精神，以改革创新为核心的时代精神；实现中国梦必须凝聚中国力量，这就是中国各族人民大团结的力量。

这就是实现中国梦的正确路径。

这条通往梦想的道路，有着绵延的文化传统、深层的现实基因。

沿着这条道路，我们科学把握了改革开放30多年的伟大实践，新中国进行了60多年的持续探索，近代中国积累了170多年的历史经验，中华民族承传继缵了5000多年的文明。深广雄厚的历史传统和社会人文资源，将坚实地支撑我们遵循中国梦想之路，最终实现中华民族的伟大复兴。

中国梦为什么要走这样一条道路呢？

中国走这条发展道路是历史的必然选择。

从鸦片战争开始，中国逐渐沦为半殖民地半封建社会，主权和领土被西方列强肆意践踏，国内政治黑暗，山河破碎，民不聊生。著名维新思想家谭嗣同悲愤地写道：四万万人齐下泪，天涯何处是神州。在这种背景下，要实现民族复兴，首先必须实现民族独立和人民解放。

中国共产党领导中国人民反帝反封建，完成了这个历史任务，建立了新中国，随后完成社会主义改造，确立了社会主义基本制度。

走上社会主义道路的中国，取得伟大的建设成就，面貌焕然一新。但在探索实践中，曾因极左思潮泛滥，我们也备受挫折。

路该怎么走？船该怎么行？

走老路，中国必穷，是一条死路；走西化道路，中国必乱，同样是死路一条。唯一的选择就是要走一条新路，

路该怎么走？船该怎么行？唯一的出路就是坚持走中国特色社会主义道路。

也就是走中国特色社会主义道路。以党的十一届三中全会为标志，我们开始探索这条新路。这条新路实际上也是被逼出来的，选择之初，以“杀开一条血路”的魅力敢为人先。

这条道路的内涵可概括为：一条基本路线，一个总体布局，一个发展目标。

一条基本路线，即以经济建设为中心、坚持四项基本原则、坚持改革开放的基本路线。这条路线反映了我国现代化建设的本质规律，是党和国家的生命线。以经济建设为中心是兴国之要，四项基本原则是立国之本，改革开放是强国之路，是我们党和国家发展进步的活力源泉，是发展中国特色社会主义的强大动力。坚持党的基本路线一百年不动摇，就是坚持走中国特色社会主义道路不动摇。这是我们的事业经受风险考验、不断胜利前进的最可靠保证。“一个中心、两个基本点”这条基本路线放在第一位，它决定了这条道路的路径和方向。

一个总体布局，即中国特色社会主义经济建设、政治建设、文化建设、社会建设、生态文明建设“五位一体”的总体布局。

总体布局的内涵是一个不断发展的过程。党的十五大、十六大明确了我国社会主义经济建设、政治建设、文化建设全面发展的目标和政策，深化了对现代化建设总体布局的认识。十六大以后，党提出了构建社会主义和谐社会的重大任务，使社会主义事业总体布局从“三位一体”发展为包括社会建设在内的“四位一体”。十八大增加生态文明建设，总体布局扩展为“五位一体”。

总体布局内涵的每一次扩展，都是党对历史任务、现实环境综合判断的结果，是党对如何建设社会主义、建设怎样的社会主义认识的发展。十八大增加的生态文明建设，充分体现了科学发展观的要求。我们不但要 GDP，经济总量、居民收入增加的同时，我们还要绿水青山，要多给子孙后代留一片蓝天和绿水，给他们留下更多的资源，这样才能有序发展。

一个发展目标，即促进人的全面发展，逐步实现全体人民共同富裕，建立富强民主文明和谐的社会主义现代化国家。

早在20世纪50年代，毛泽东同志就提出，要调动一切积极因素，把我国建设成强大的社会主义国家。

改革开放初期，邓小平同志从我国基本国情出发，设计了分三步走基本实现现代化的战略目标。

江泽民同志在党的十五大上对第三步战略目标提出了“新三步走”的发展目标，即通过到2010年、建党100年和新中国成立100年的三个发展阶段，基本实现现代化，建设富强民主文明的社会主义国家。党的十七大提出了实现全面建设小康社会奋斗目标的新要求，同时把促进社会和谐作为现代化建设的重要内容，明确提出要建设富强民主文明和谐的社会主义现代化国家。

胡锦涛同志在纪念党的十一届三中全会召开30周年大会上进一步提出，到我们党成立100年时建成惠及十几亿人口的更高水平的小康社会，到新中国成立100年时基本实现现代化，建成富强民主文明和谐的社会主义现代化国家。

十八大的报告，将发展目标增加了促进人的全面发展，逐步实现全体人民共同富裕的角度。这两点，是资本主义国家、资本主义社会都不曾提出，也实现不了的目标，这是中国特色社会主义的本质和优越性的最生动体现。

一条基本路线、一个总体布局、一个发展目标，这三个方面相互联系、相辅相成，是一个有机统一的整体。其中，基本路线是总纲，是坚持和拓展中国特色社会主义道路的根本遵循；总体布局是基本内容，是坚持和拓展中国特色社会主义道路的具体展开；发展目标是宏伟蓝图，是坚持和拓展中国特色社会主义道路的努力方向。正是走上了这条道路，我们才赢得前所未有的黄金发展期，取得举世瞩目的发展成就。要实现中国梦，就必须继续坚定不移地走这条路。

这条路之所以正确，关键在于有正确理论的指引。这个理论就是中国特色社会主义理论体系，整个体系包括以毛泽东思想为奠基的邓小平理论、“三个代表”重要思想、科学发展观以及十八大之后中国现代化实践的理论总结。这一理论体系，既没有丢掉老祖宗，又结合中国新实践，以中国的情感、中国的意志、中国的思维和时代新话语，系统回答了当代中国的一系列重大问题。

不断推进理论创新，不断加强理论武装；理论创新每推进一步，理论武装就跟进一步。这使得我们这样一个拥有 8000 万党员的大党、十几亿人口、56 个民族的发展中大国，有了科学正确的行动指南和团结奋斗的共同思想基础，能够思想统一、步调一致，产生巨大能量和旺盛活力。这就是理论的威力和魅力。

做到这一点很不简单。

思想僵化，党和国家就会失去活力；思想西化，党和国家就会走上歪路。两者都会葬送我们的事业和前途。

我们在道路、理论两个层面的探索和实践成果，最终都要靠制度来落实和保障。

中国特色社会主义制度具有鲜明的特点和优势，是当代中国发展进步的根本制度保障。

让十几亿人实现共同富裕，这是人类历史上从未有过的伟大构想和实践，只有在党的领导下、在中国特色社会主义制度下，才能提出来并付诸实践。

中国特色社会主义道路、理论体系、制度三位一体，统一于中国特色社会主义伟大实践，构成中国特色社会主义最鲜明的特色。实现中国梦，必须坚定这三种自信。

第二章

中国梦，为什么

中国梦是十八大以后提出来的。

为什么在这个时间点上提出中国梦？

中国梦是自近代以来一代又一代中国人的梦想：

自从帝国主义轰破国门，自从大清帝国急剧衰落，中国人民就萌生了国家富强、民族振兴的梦想，期盼中国民殷国富，期盼中华自立自强。

直到今天，这个梦想仍然是中国人追求变革和进步的巨大思想动力。

今天，国家富强、民族振兴的百年梦想已经进入实现的关键阶段，中国梦的提出，既是历史必然，也是现实需要；既是价值取向，也是战略设计。

以梦想为主线，动员全国人民心往一处想、劲往一处使地追求梦想，可以增强人民群众对中国特色社会主义道路的自信、对中国特色社会主义理论的自信、对中国特色社会主义制度的自信。

以梦想为纽带，中国共产党可以凝心聚力，领导全体人民为实现两个“百年”的目标而奋斗。

这是今天提出中国梦的全部理由。

一、历史必然

历史辉煌与近代苦难形成如此鲜明的对照，凸显了中华民族伟大复兴的双重历史意义：超越近代以来的苦难与衰败去创造与我们的历史相称的时代辉煌。

中华民族的伟大复兴有两个基本的历史前提：一是中华民族久远的古代辉煌，二是近代以来中华民族的深重苦难。

因为前者，我们有资格谈伟大复兴；因为后者，我们有必要谈伟大复兴。

中国是世界历史上唯一一个延续5000年历史的古国，是世界历史上唯一一个能在历次危机中快速复苏的大国，一个能够在明明灭灭起起落落中走出衰败走向复兴的大国。

2006年中央电视台播放的《大国崛起》，向公众介绍了世界上九个大国先后崛起的经验。九个曾经崛起的大国有葡萄牙、西班牙、荷兰、英国、法国、德国、日本、苏联与美国。曾经一度横行欧亚的葡萄牙、西班牙、荷兰早就已经退出第一方阵，英国、法国、德国、日本虽然依然中兴，但面临着一系列问题。

再往前看，在资本主义兴起之前，昔日与中国并驾齐驱的几个文明古国——埃及、希腊、印度等几乎昙花一现式地绽放，绽放之后就再也没有孕育新的希望。

中国几乎是唯一一个能长期不断复兴的民族，从西周时代的成康之治，到汉代文景之治、武帝极盛以及东汉时期的昭宣中兴，到唐代贞观之治、开元盛世，直到清朝中前期的康乾盛世。

西方学者指出，中国经济总量世界第一的宝座直到 1890 年才被美国抢去。

英国著名经济史和经济统计学家安格斯·麦迪森推测，从 17 世纪末到 19 世纪初，清王朝统治下的中国在经济上的表现相当出色。1700 年到 1820 年，中国的 GDP 不但排名世界第一，在世界的比例也从 22.3% 增长到 32.9%。与此同时，中国人口从占世界总量的 22.9% 增长到 36.6%。麦迪森认为："中国在之前近两千年的时间里一直是世界上最大的经济体，但到了 19 世纪 90 年代，它的这个位置被美国所取代。"他认为，中国 GDP 被美国超过的确切时间，是中日签订《马关条约》的 1895 年。

台湾著名历史学家孙隆基在他的《鸟瞰中国千年史》中曾经指出：在北宋，国人已懂得烧煤炼钢，大型企业雇佣数百名全职的产业工人，政府的军工业聘用工人达 8000 名——这已经是重工业规模。

1078 年，华北钢铁业年产达 125 万吨，而英国于 1788 年亦即工业革命之始才不过年产 7.6 万吨。

唐朝对远洋贸易只开广州一埠，至北宋则另增杭州、明州、泉州等九个港口，矿冶、造纸业、制瓷业、丝织、航海业也高度发达。

南宋时期，税收越来越依靠远洋贸易，高宗时代曾占政府财政收入中现钱的 20%。

然而，无知的大清皇朝，承袭我国数千年封建观念，以天朝自居，误以我国一切文物制度在他国之上，视外国

1840 年鸦片战争以来，清政府丧权辱国，割地赔款，国内民不聊生，灾难深重。

为夷狄之邦（见李守的《中国近代史》），错失了人类历史上最伟大的两次革新——第一次工业革命和第二次工业革命，以致中华民族自此百年衰落。

1840 年鸦片战争以来，清政府丧权辱国，割地赔款，国内民不聊生，灾难深重，为世界各民族之最。

历史辉煌与近代苦难形成如此鲜明的对照，凸显了中华民族伟大复兴的双重历史意义：超越近代以来的苦难与衰败去创造与我们的历史相称的时代辉煌。

中华民族 5000 年来反复复兴的历史告诉我们，中国今天谈“实现中华民族伟大复兴”的中国梦不是一种臆想，而是历史发展内在逻辑的必然趋势。

二、现实需要

我们今天和改革前的社会图景相对比，阶层差距的扩大、利益群体的固化等极大地刺激着人们的神经，汹涌的暗流携裹着变幻不定的情绪……光靠以经济发展为主轴的“增长共识”已经失去了令人激动的力量，必须寻找新的故事空间。

当今的中国，已经走到了转型升级的关键时刻。

简单地说，今天的中国经济总量世界第二，社会问题层出不穷，发展潜力不甚明朗。如何平稳地度过这个阶段，是当代执政者必须考虑的问题。综合比较当今中国的发展阶段与世界其他国家的历史，我们发现，中国梦的提出，其实是一个大国社会经济发展到一定阶段的必然产物。

改革开放 30 多年来走过的路子，特别是 20 世纪 90 年代以来，我们已经很少去思考诸如幸福和谐、伟大复兴这类形而上的话题。

改革之初，高举“时间就是金钱，效率就是生命”

的大旗，是当时时代的需要，是激发人们以经济建设为中心的需要。时间过去了 30 多年，这个口号在一定的空间维度里仍然具有合理性，就解放和发展生产力的作用来说，它已经完成了帮助一代人转变价值观的历史任务。

就在全世界目瞪口呆地看着中国跻身为全球第二大经济体时，中国社会内部却出现了一些变量。忧虑、不安、不满乃至怨恨的情绪正有意无意地侵蚀着社会的心灵。新加坡学者郑永年称，“当高楼大厦、大桥公路、高铁机场等这些构成中国 GDP 载体的事物变得耀眼无比的时候，中国社会所赖以生存的制度基础甚至细胞，则不仅得不到生长，而且被破坏得一塌糊涂”。

当然，这些社会性的病症，并非中国独有，20 世纪 60 年代的美国出现过同样的病症。

罗伯特·肯尼迪竞选总统时有一篇著名的演讲。

他说美国的国内生产总值（GDP）确实惊人，数字接近 8000 亿。但是，能够以此为根据评判整个国家的状况吗？GDP 还应算进去空气污染、烟草广告以及战地救护车在血肉横飞的战场上穿梭的费用……他指责 GDP，既不能保障孩子们的健康，也不能保障他们受教育的质量，甚至不能保障他们无忧无虑的快乐。他大声告诫，GDP 能衡量一切，但并不包括使我们的生活有意义的东西！

当时美国的人口大约是 2 亿人，按人均来计算，美国的人均 GDP 为 4000 美元。后来这种情况在新兴市场国家表现得更加突出，最典型的莫过于拉丁美洲的巴西、阿根廷，亚洲的泰国、菲律宾等国。

这种状况最早被称为“拉美陷阱”，后来被世界银行定义为“中等收入陷阱”。

按照世界银行的标准，2010 年我国人均国内生产总值达到 4400 美元，已经进入中等收入偏上国家的行列。

像巴西、阿根廷、墨西哥、智利、马来西亚等，在 20 世纪 70 年代均进入了中等收入国家行列，但直到 2007 年，这些国家仍然挣扎在人均 GDP 3000 ~ 5000 美元的发展阶段，并且见不到增长的动力和希望。

“中等收入陷阱”这一阶段，最突出的特点就是快速发展中积聚的矛盾集中爆发，自身体制与机制的更新进入临界，很多发展中国家在这一阶段由于经济发展自身矛盾难以克服，原有的增长机制和发展模式无法有效应对由此形成的系统性风险，经济增长很容易出现大幅波动或陷入停滞。

为什么会出现这种状况，特别是为什么会出现社会的动荡与阶层的进一步分化？

我们看到，美国、英国、德国、日本等已经成为现代化的发达资本主义国家，其政府、社会、经济、文化等方面的发展是稳定、有序的。而那些陷入“中等收入陷阱”的困境国家，则属于在现代化过程中的国家。

事实上，前者是处于“现代性”，后者则是“现代化”。“现代性”孕育着稳定，而现代化过程却滋生着动乱。

经济发展刺激着城市化、识字率、教育和接触传播媒介的水平的提高，同时也提高了人们的愿望和期待。

美国著名政治学家亨廷顿说：“无论是从静态角度，还是从动态角度来衡量，向现代性进展的速度愈快，政治动乱亦愈严重。”

经济发展刺激着城市化、识字率、教育和接触传播媒介的水平的提高，同时也提高了人们的愿望和期待，如果这些愿望和期待不能得以满足，就会刺激个人和集团投身于各种运动，这一点在现代化早期阶段尤其如此。

现代化是一个多层面的进程，它涉及人类思想和行为所有领域里的变革。从心理的层面讲，现代化涉及价值观念、态度和期望方面的根本性转变。从智能的层面讲，现代化涉及人类对自身环境所具有的知识的巨大扩展，并通过日益增长的文化水准、大众媒介及教育等手段将这种知识在全社会广泛传播。从人口统计学角度来看，现代化意味着生活方式的改变、健康水平和平均寿命的明显提高、职业性和地域性流动的增长，以及个人升降沉浮速度的加快，特别是和农村相比，城市人口迅猛增长。

城市化、工业化、世俗化、民主化、普及教育和新闻参与等，作为现代化进程的主要层面，它们的出现绝非是任意而互不相关的。

在一定意义上，现代化的过程其实就是一个社会动员的过程，通过它，“一连串旧的社会、经济和心理信条全部受到侵蚀或被放弃，人民转而选择新的社交格局和行为方式”。

它意味着人们在态度、价值观和期望等方面和传统社会的人们分道扬镳，并向现代社会的人们看齐。

分道扬镳之后需要一个新的、更宏大的目标。

我们今天和改革前的社会图景相对比，阶层差距的扩大、利益群体的固化等极大地刺激着人们的神经，汹涌的暗流携裹着变幻不定的情绪，很可能在某个时期加剧社会的焦虑、愤懑和失落，进而触发新的行动。

在社会话语方面继续担起主导作用的执政者，显然意识到光靠以经济发展为主轴的“增长共识”已经失去了令人激动的力量，必须寻找新的故事空间。

这个目标是什么？新的故事该往哪儿展开情节？

美国的肯尼迪说：“不要问你的国家为你做了什么，而要问一问你为你的国家做了什么。”

以习近平为总书记的中国共产党新一代领导集体用了一个很诗意的词——中国梦，并将其内涵阐述为“国家富强，民族振兴，人民幸福”。

中国梦打开了新的故事空间。

三、价值取向

一个民族和国家的梦想，本质上就是一个民族和国家的价值追求，离开价值追求，我们无法理解一个民族和国家的梦想实质，也无法彰显这一梦想所具有的价值引领作用。我们所积极倡导和培育的社会主义核心价值观，便是中国梦的价值蕴含。

历史上，每一次中国梦的背后都是当时面临的信心危机，而信心危机的背后则是深刻的“中国意识危机”，或者说是价值观的危机。

中国梦概念的提出，是解决人们对国家及自己前途信心危机的迫切需要，也是以新的价值理念凝聚民心、共聚民智，朝着一个清晰目标坚实迈进的迫切需要。

当前，我们正处在一个大发展、大变革的时代，随着利益格局的不断调整，社会生活日趋多样化，社会意识更加多样、多元、多变，这既为社会进步注入了活力，也带来了社会思潮的纷繁杂乱。在利益格局高度分化的今天，人们的价值追求日趋多元化，反映到现实中，就是人们对利益的追求也越来越多元化、物质化。社会上一些人出现了信仰危机，出现了道德紊乱、人情冷漠、腐败日甚等现象。

如果孤立地分析一个个案例，我们可以找到很多原因。但这些个案背后的原因，矛头直接指向最深层的问题，那就是，我们当前缺乏一种大众普遍遵循的精神追求和价值标准，也就是通常意义上的核心价值观。由于核心价值观缺失，最终导致了一些人行为失规，制度失矩，道德失范，心理失衡。有鉴于此，不少人都在疾呼："中国作为一个快速崛起的大国，必须尽快建立核心价值观来统领人们的思想、凝聚人们的力量、引导人们的行动。"

有危机，才激发梦想；有梦想，才会有进步的动力。

解除"意识危机"出路在于确立主流意识。只有有了主流意识，社会才会有共识；有了共识，社会就会具有凝聚力。

一个能为社会的大多数所接受的主流意识可以帮助推进各方面的改革，可以帮助确立有效的政策来消化和解决目前所面临的各种社会问题。

用什么东西凝聚新的共识、主导我们的价值观？

任何社会核心价值体系的形成，不是空穴来风，也不是任何个人"口占一绝"而来的，那是文化传承和发展的结果。在长达两千多年的中国封建社会中，中华民族形成了以"仁、义、礼、智、信"为核心的价值观，保持了社会的总体稳定和谐。

随着历史的变迁、社会的转型，中国传统社会的核心价值观已经不能适应时代的发展和需要。

辛亥革命时期，孙中山为代表的中国国民党提出了“民有、民享、民治”新思维；五四运动则喊出了“打倒孔家店”的口号，提出了“民主与科学”新主张。这些口号、主张在一定程度上可以算得上是重建中华民族核心价值观的尝试。

在新中国建立后，特别是改革开放后的30多年，我国在价值观的探索方面也付出了巨大的努力。

核心价值观要为各种不同文化层次的群体接受，不能太高深、抽象、复杂，一定要贴近生活，贴近实际，贴近群众。

因此，在表述核心价值观时，不用官话、套话，不用长篇大论，要多用短句熟语，多用能打动民心的通俗口号，简洁明快，琅琅上口，富有说服力和感召力，让老百姓易懂易记，便于普及，易于践行。

作为起着凝心聚力作用的核心价值观，同时还得与国家的目标、人民的愿景紧密相连。离开了国家的目标，核心价值观成了无源之水；离开了人民的愿景，核心价值观也就成了无土之木。

一个民族和国家的梦想，本质上就是一个民族和国家的价值追求，离开价值追求，我们无法理解一个民族和国家的梦想实质，也无法彰显这一梦想所具有的价值引领作用。

作为寄托一个民族和国家奋斗目标、社会理想的民族梦想、国家梦想，唯其清晰可鉴、唯其美善相乐，才能够引领一个民族和国家不断向前。

中国梦，价值魂。努力建设中华民族的共同精神家园，培育和践行社会主义核心价值观，是实现中国梦的价值观基础。党的十八大提出的“三个倡导”的 24 字社会主义核心价值观，与中国发展要求相契合，与中华优秀传统文化和人类文明优秀成果相承接，凝聚了全国人民的价值共识。

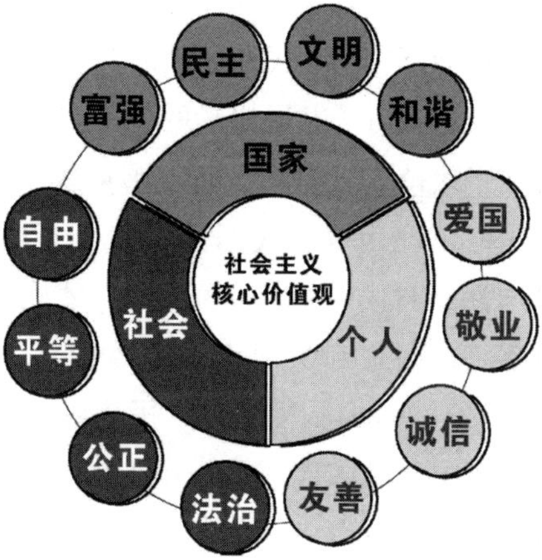

党中央确定的社会主义核心价值观：富强、民主、文明、和谐，自由、平等、公正、法治，爱国、敬业、诚信、友善。

我们所积极倡导和培育的社会主义核心价值观，与中国梦的价值蕴含天然地结合在一起。

中国梦回答了“我们所要实现的民族复兴是怎样的复兴”这一重要问题。

在浩浩荡荡的世界潮流之中，我们要实现的复兴，就是要建成“富强、民主、文明、和谐”的现代化国家，就是要让中华民族的每一分子都能够幸福地生活在一个“自由、平等、公正、法治”的国度，都“爱国、敬业、诚信、友善”，就是“每个人都有人生出彩的机会”。

管理学上有一个著名的“冰山法则”，其主要含义就是人的行为是其隐藏在内心的思维模式决定的，而思维模式又是其所持有的价值观决定的。

当一种梦想能够将整个民族的期盼与追求都凝聚起来的时候，这种梦想就有了共同愿景的深刻内涵，就有了动员全民族为之坚毅持守、慷慨趋赴的强大感召力。

只有从这些角度出发，我们才能深刻把握“民族复兴”的中国内涵、时代内涵、价值内涵，才能把每个个体不同的“小我”，凝聚到实现中华民族的伟大复兴这一“大我”中，才能清楚揭示国家好、民族好、大家好之间的紧密关联，而中国梦才能成为中国人的“美梦”，成为发挥动员全民族的感召力。

四、战略设计

中国梦提供了一条用世界语言讲述中国复兴故事的新路子，用“梦”、“实现梦想”，而不再是用“龙”、“腾飞”这种让西方世界听起来觉得害怕的语言与世界沟通。中国梦向外界表达的是中国的发展就像美国人有美国梦、法国人有法国梦一样。

新中国成立后，我们就确立对外交往的“和平共处五项原则”，但随着中国经济的发展，国力的强大，外界都在问“中国想干吗?”如何更好地向世界传递中国的发展目标、发展方式、发展战略，是摆在当代中国领导人面前的一道难题。

经过改革开放 30 多年的快速发展，中国经济总量已经位居世界第二。面对中国的块头不断长大，有些人开始担心，也有一些人总是戴着有色眼镜看中国，认为中国发展起来了必然是一种“威胁”，甚至把中国描绘成一个可怕的“墨菲斯托”，似乎哪一天中国就要摄取世界的灵魂。尽管这种论调像天方夜谭一样，但遗憾的是，一些人对此却乐此不疲。

2014 年 3 月 28 日，德国柏林，习近平总书记在德国科尔伯基金会的演讲中说，中国已经确定了未来发展目标，这就是到 2020 年国内生产总值和城乡居民人均收入比 2010 年翻一番、全面建成小康社会，到本世纪中叶建成富强民主文明和谐的社会主义现代化国家。我们形象地把这个目标已经概括为实现中华民族伟大复兴的中国梦。

中国梦提供了一条可供选择的道路，用“梦”、“实现梦想”，而不再是用“龙”、“腾飞”这种西方世界听起来觉得害怕的语言与外面沟通。

人类的梦想总是相通的，让世界了解中国梦，可以减少中国崛起的阻力，加深世界对一个真实中国的了解。

我们可以将中国梦解读为：当代中国的执政者谋求以友善的姿态融入世界的战略选择。通过向世界讲述“梦”的目标，讲述中国人民为“圆梦”所付出的各种艰辛、努力。中国梦向外界表达，中国的发展是中国人的权利，也是中华民族的权利，当世界各国都在讲人的权利的时候，实现中国梦也正是中国人应有的权利。

20 世纪末期，随着中国经济的快速发展，国际上对中国崛起的担忧就从未停过，最典型的例子就是宣称“21 世纪是中国的世纪”。结合中国几千年来的历史，外界特别是周边国家都加强了对中国崛起的戒备。

2010 年 11 月 16 日，英国《金融时报》发表了记者马丁 · 沃尔夫的文章，题为《中国的崛起将是和平的吗？》。

文章写道：中国是个新兴的超级大国。根据大企业联合会发布的一个令人惊叹的统计数字，按购买力平价计算，中国2009年的国内生产总值（GDP）为美国的80%。

要知道，在1978年，中国人均GDP仅为美国的3%；到2009年，这一比例已接近20%。按照当前两国的相对增长速度，以购买力平价计算，到2014年，中国经济的绝对规模将超过美国，成为世界第一大国。就算按市场价格计算，中国的GDP在十年内可能会超过美国——部分是因为中国经济的快速增长。

在西方国家的不少人眼中，不管以什么方法衡量，中国不久都将取代美国成为世界第一大经济体。大约从1890年以来，美国就一直把持着这个位置。就此看来，这一转变的速度之快，甚至超过了高盛在其著名的首份“金砖四国”（注：BRIC，包括巴西、俄罗斯、印度和中国，后来增加了南非，变成了BRICS）报告中所做的预测。

马丁·沃尔夫在报道中说：我在此想要探讨的问题是，这一划时代的转变对世界将意味着什么？首先，我们不仅正在目睹美国自诩为“唯一超级大国”的短暂时期的结束，从更广泛的意义上说，我们也正目睹延续多个世纪的西方主导地位的终结。今后几十年内，相对衰落的西方将不得不与世界其他地区合作。这是好事，但也将带来许多重大挑战。

中国的快速发展、迅速崛起，已经是不争的事实。但如何用世界语言讲述中国崛起、复兴的故事？如何让世界放心，中国的复兴不会危及他们的利益？在南海，我们周边不少国家都在有意无意地散布中国“霸权”的谣言。

虽然我们在对外的宣传中，经常宣称始终不渝走和平发展道路、始终不渝奉行互利共赢的开放战略、坚持和平发展，但外界对此都是持将信将疑的态度。

中国梦没有意识形态色彩，超越意识形态束缚，就能更好地促进中国融入世界，真正成为世界大家庭中有尊严的一员，通过和世界各国的融合，实现“强国梦”，最终实现中华民族的伟大复兴。

中国梦对世界意味着什么？我们的回答是：实现中国梦，给世界带来的将是和平、是发展、是合作，是更多机遇，而绝不是什么威胁。与世界同分享，是中国梦独具特色的重要内涵。

从“入世惠及中国，也惠及世界”到“同一个世界，同一个梦想”，日益融入世界经济的中国，在与各国的交流合作中，始终追求良性互动、互利共赢。

2012 年，中国贸易总额为 38667 亿美元，成为全球贸易规模最大的国家。今后 5 年，中国还将进口 10 万亿美元左右的商品，对外投资将达到 5000 亿美元，出境游有可能超过 4 亿人次。这一切必将为全球经济发展注入强劲活力。

无论是开放市场、引进技术、吸引投资，实现 30 多年来日新月异的跨越式发展，还是积极参与全球经济治理，共同抵御亚洲金融风暴和国际金融危机，中国都着眼于取长补短、合作共赢，把世界的机遇转变为中国的机遇，把中国的机遇转变为世界的机遇。

共同发展好，中国梦的实现将为世界各国提供更多机遇。

在国际事务中，中国倡导不同文明开展对话、彼此包容，推动不同社会制度和发展模式相互借鉴、共同发展，未来的道路上，中国梦必将进一步焕发出中华文明的独特魅力。

中国梦是和平之梦、和谐之梦，中国梦的实现将为世界各国提供更多机遇。

“万物并育而不相害，道并行而不相悖。”中国梦是法国、美国的机遇，法国梦、美国梦也是中国的机遇。

中国人素有珍爱和平、崇尚和谐、开放包容的历史传统，怕动荡、盼和平、谋发展。

通过宣传脱离了意识形态色彩的“大国梦”，消除一些国家对中国发展产生的戒心。正如习近平所说：“中国发展壮大，带给世界的是更多机遇而不是什么威胁。我们要实现的中国梦，不仅造福中国人民，而且造福各国人民。”

实现不含意识形态色彩的“大国梦”，要求我们全方位同各个国家和地区尽快找到“利益汇合点”；通过发展，与各国和地区逐步构建“利益共同体”，为中国赢得有利于发展的外部环境。

|第三章|

中国梦，怎么样

“中国梦，是什么”告诉我们，中国梦是个什么东西，什么样子，什么内容。

“中国梦，为什么”告诉我们，为什么要提中国梦，为什么这个时候提出中国梦，中国梦的意义在哪里。

“中国梦，怎么样”则要告诉我们，中国梦有怎么样的内涵、实质？

植根在“两个百年”的总体设计中，中国梦的伟大梦想，是一种精神动力，能激发民族的创新与创造；是一个文化的传承，涵盖着对“文化中国”的想象；是对改善生活的渴望，表达了人民的利益。

中国梦不仅是国家梦、民族梦，不仅是历史梦、时代梦，也是人民的梦，每一个中国人的梦。

1840年鸦片战争后，中国逐渐沦为半殖民地，开始了屈辱的历史。

与屈辱同时开启的，还有民族复兴的伟大梦想。

从这个阶段开始，中国人开始了步向“中华民族伟大复兴”的梦想的伟大探索：太平天国运动、洋务运动、戊戌变法、辛亥革命、抗日战争、建立新中国、改革开放……

160多年的时间里，我们经历多少苦难与艰辛，每一次探索都推动中国梦走向实现，每一次探索都缩短了我们与中国梦的距离。

这一过程，可以概括为“两个百年”、“两重任务”。

“两个百年”，就是实现中国梦的两个历史阶段。

第一个百年，从1840年鸦片战争到1949年新中国成立。这个百年，是从无路可走，到找到复兴之路，实现国家独立、民族解放的历史。这是民族复兴的第一个阶段。

第二个百年，是从1949年新中国成立到21世纪中叶，在新中国建立100年的时候，完成邓小平同志提出的我国现代化第三步发展战略目标，建成富强民主文明和谐的社会主义现代化国家，实现中华民族的伟大复兴。

现在，我们就是处于完成第二个百年任务的阶段。

“两个百年”的表述，指明了中国梦的阶段性目标。

第一步到中国共产党成立100年的时候，全面建成小康社会，这算是初步复兴。这个目标是，国内生产总值和人民的收入都翻一番，国内生产总值翻一番就是从2010

年的39.7万亿元翻到80万亿元，居民收入翻一番，人均GDP到2020年大概是接近6万元，居民可支配收入可以达到2.5万元。两个倍增，两个翻番，最重要的是居民收入的倍增。按照韩国和日本的经验，一个国家要崛起，一个国家要复兴，人民要幸福，最主要的是收入能否倍增。

以建党百年为目标，推进实现中国梦，具有重大意义。党史专家称，从建党说起，也表达了一个更深刻的含义，就是只有在中国共产党成立以后，才使中国梦的实现有了可能。

第二步到新中国成立100周年的时候，建成富强、民主、文明、和谐的社会主义现代化国家，这一阶段可以称为基本复兴。其目标是什么？有分析称，中国的GDP总量在1820年的时候曾经占到世界的33%。1820年是清代康乾盛世之后，经济发展还算比较快，这是中国实力的最高阶段，之后就开始没落了。新中国成立后的头30年，即在改革开放前夕，中国的GDP占全世界的4.6%。经过30多年的改革开放达到了10%。现在世界银行预计我们2016年会占到18%，2020年全面建成小康社会的时候会达到25%，2030年的时候恢复到33%。美国著名的战略研究机构兰德公司已经开始研究2030年中国会是什么样。

其实，在这“两个百年”概念中，我们可以分解出更多的“百年”：建党100年、建国100年、改革开放100年……每一个“百年”的目标都说明，实现中国梦是一个长期奋斗、接续奋斗的历史过程。

昨天的梦想，在今天变成了现实；今天的梦想，到明天就变成了现实。

一、精神动力

中国梦的提出，就是把中国特色社会主义共同理想的基本内容全部涵盖在里面，用人民群众喜闻乐见、能够听得进去、记得住的话语表达出来，这是更加能激发中国社会奋勇前行的一种精神力量。

实现梦想，需要凝聚力量。凝聚力量，需要行动共识。在利益多元化、思想多元化的今天，如何达成共识、凝聚力量？

中国社会历史经验告诉我们，中国人在一起容易一盘散沙，我们该用什么东西把大家集中起来？过去年代，我们靠的是一些“左”的思想来凝聚大家，但这一套现在行不通了。

中国梦则是一个很好的切入点，特别适合年轻人，因为年轻人爱梦想。中国的未来这一代、下一代，能不能有一种民族自豪感、能不能有凝聚力，继续走好中国特色社

中国梦凝聚了全国人民的价值共识

会主义道路，中国梦可以起凝心聚力的作用。

阿里巴巴创始人马云在谈到管理心得时曾说过，千万不要相信你能统一人的思想，那是不可能的，30% 的人永远不可能相信你。不要让你的同事为你干活，而让他们为我们的共同目标干活。团结在一个共同的目标下，要比团结在一个人周围容易。

利益是人奋斗的动力，但利益不能成为我们奋斗的目标和追求。

当前，理想、信念、目标这些涉及人生观、价值观、世界观内涵的东西在一些人，特别是年轻人中比较迷茫，甚至不少人都声称自己没有太多的信仰。

改革开放30多年，中国社会发展很快，很多人有钱了，但见诸媒体报道的资料均显示：没挣到钱的人，他心里面感到难受；挣到钱的人，心里面也不太高兴。为什么会出现这种悖论？核心在于我们奋斗过程中缺少梦想和追求。

管理学上有一个典型案例，同样是砌砖，如果你把它当作一种谋生的活计，为砌砖而砌砖的话，那么你会越干越没劲、越干越单调，因为都是简单的重复劳动，让人难受。但如果你把它看成是在为一幢宏伟的建筑添砖加瓦时，你会越干越有热情、越干越有梦想、越干越能把自己的主动性和积极性激发出来、融入进去。梦想对我们的奋斗至关重要。

其实，中国社会并不是没有共同理想，中国特色社会主义就是中国社会的共同理想。但是，我们也应实事求是地承认，中国特色社会主义共同理想这样一种表述方式比较抽象化，也比较有一种意识形态味道。

对于很多普通的老百姓来说，中国特色社会主义的共同理想离自己太远了，尤其对现在那些“80后”、“90后”，甚至“00后”的年轻人，这种表述太抽象了，脱离了时代的背景，让人难以理解。

如果不能用大家喜闻乐见、听得进去、记得住的话表达出来，好东西也会变为不好的东西。

中国梦的提出，就是把中国特色社会主义共同理想的基本内容全部涵盖在里面，用人民群众喜闻乐见、能够听得进去、记得住的话语表达出来，这是更加能激发中国社会奋勇前行的一种力量。

中国梦能激发民族的创新力、创造力。现在中国在世界上的竞争，最弱的一项就是创新能力、创造能力，这可能跟我们汉朝以来过于推崇孔孟之道有关。孔孟之道不主张超越、创新，强调一代跟着前一代的脚印来做。中国梦的概念给予我们创新的力量。梦什么都可以，它应该说对启发大家的创新能力、放眼未来有很好的触发作用。

中国梦也拉近国家、民族与老百姓个体之间的心理距离。

中国梦给中国社会的奋斗赋予了很深远的意义。

中国梦能增强民族的凝聚力。

从语言学的角度分析，中国梦也是一种成功的政治动员手段。

政治家发动群众、动员群众的语言，最突出的特点就是既要严肃，又要活泼；既要有权威，又要通俗；既能打动人心，又能有效控制，甚至使用模糊语言。

语言风格在一定程度上也反映着一个人的人生观和处世哲学。使用老百姓日常语言作为政治宣言，代表着这一代领导人的施政风格——从群众中来到群众中去。党的十八大以来，无论是习近平同志论反腐时说的“打铁还需自身硬”、“把权力关进笼子里”、“老虎苍蝇一起打”，还是李克强在记者招待会上说的“喊破嗓子不如甩开膀子”等表态都凸显了这一风格。

中国梦三个字，在语言学的角度看，语气铿锵有力；从语意学的角度看，中国梦更加生活化、市民化，具有很强的包容性。

中国梦不仅仅是中国共产党自己的梦，也是全体中华儿女的梦；是提炼最大公约数、最能引起广泛共鸣的梦。

中国梦，是中国人皆可以有的梦。

第一，它不分阶级、阶层的，富人可以做，穷人也可以做；白领可以做，蓝领也可以做；知识分子可以做，没文化的人也可以做；当官的可以做，普通市民也可以做。

第二，它不分政党的，共产党人可以做，其他党派、无党派人士也都可以做。

第三，中国梦是多元性，领导人希望中国变成世界强国，这固然是中国梦；老百姓希望中国变得更富裕，衣、食、住、行、育、乐变得更舒适，社会更平等，更有正义，也是中国梦；知识分子希望中国变得更现代，更民主自由，又何尝不是中国梦？

中国梦可以像一个万花筒，不离中国这个筒，但可以有百般图案，千般花样，老少咸享，男女咸乐，因此活力无限。

第四，多元性并不否定共通性。大家都希望中国变好，自己的生活也变好，有希望有盼头，蒸蒸日上，而不是相反。这就是共通性。

中国梦以其包容性、多元性、共通性，中国梦把中华儿女团聚一起，共同奋斗。这个奋斗目标，不是虚无缥缈的乌托邦，而是与国家和个人可实现的需求愿景紧紧结合在一起，给个人与国家之间找到了一个信念和理想的共同诉求点。

二、文化传承

不同的梦想背后，反映了不同的国情、不同的历史、不同的文化。“天下大同”是中国优秀传统文化的精髓，也决定了中国梦是国家的梦、民族的梦和人民的梦；是个人之梦的集合、是共同的梦。如果说美国梦体现了美国文化和美国的国民性格的话，那么中国梦则充满着中华文明“家国天下”的理性光辉。

不同的梦想背后，反映了不同的国情、不同的历史、不同的文化和不同的条件。

中国之所以为中国，就在于几千年的中华文化。中华文化元素、中国人的价值观念、中国人处理问题的方式、中国人思考问题的方式等，都是中华民族最独一无二的特色。中国梦是对中国优秀传统文化的现代传承、发扬和演绎。

“天下大同”是中国优秀传统文化的精髓，也决定了中国梦是国家的梦、民族的梦和人民的梦；是个人之梦的集合、是共同的梦。“国家好，民族好，大家才会好。”

中国古代农民的梦想就是：拥有一块属于自己的田地。

中国人最早曾有过一个小康梦。西汉戴圣编著的《礼记·礼运篇》给我们描绘了“天下大同的小康梦”。它写道：“大道之行也，天下为公。选贤与能，讲信修睦。故人不独亲其亲，不独子其子，使老有所终，壮有所用，幼有所长，矜寡孤独废疾者皆有所养，男有分，女有归。货恶其弃于地也，不必藏于己；力恶其不出于身也，不必为己。是故谋闭而不兴，盗窃乱贼而不作，故外户而不闭。是谓大同。今大道既隐，天下为家，各亲其亲，各子其子，货力为己，大人世及以为礼，城郭沟池以为固，礼义以为纪，以正君臣，以笃父子，以睦兄弟，以和夫妇，以设制度，以立田里，以贤勇智，以功为己。故谋用是作，而兵由此起。禹、汤、文、武、成王、周公由此其选也。此六君子者，未有不谨于礼者也。以著其义，以考其信。著有过，刑仁讲让，示民有常，如有不由此者，在势者去，众以为殃。是谓小康。”

这就是中国梦内涵的古代的一种现实表现。

文化是民族的血脉，是人民的精神家园。回顾浩荡历史，展望无尽前程，中华民族的伟大梦想必然少不了一个强大的“文化中国”之梦。

强大的“文化中国”之梦不是抱守祖宗留下来的东西做井底之蛙，盲目陶醉，而是要与时俱进，不断进行文化创新和文化展示。历史上，我们也曾豪情万丈地宣称要借鉴一切人类文明的先进成果。

文化的核心是思想，是精神。要想实现文化的复兴，必须要有自己的眼光和看法，而不是以别人的逻辑作为自己的逻辑。

复兴中国文化的一个重要内容，就是弘扬中国优秀传统文化，弘扬自强不息的中华民族精神，通过有效的手段把传统文化资源改造成为向世界展示的文化软实力，从而张扬我们的文化主权，凸显中国文化的感召力。

一个文化只有善于学习才有未来，要想实现文化的复兴，需要以我为主去吸收消化外来文化。这种学习，不是近代那样的“实用主义”、“拿来主义”，而是学习外来文化中具有普遍积极意义的内在精神，以此来充实自己的文化。在进一步与全球各民族优秀价值的融合中，不断增进世界对中国的文化认同。

说起中国梦，人们很自然就会想起美国梦。

——什么是美国梦？

——中国梦跟美国梦有何不同？

——如何借鉴美国梦的经验助推实现中国梦？

美国梦是1931年美国历史学家亚当斯首先提出来的概念。

美国梦指的是一个人无论什么背景，只要通过个人奋斗，就能实现自己的梦想。

如果你这辈子过不上好生活，你的努力也不会白费，因为你的下一代会比你过得更好。家境贫寒的人可以做到富可敌国，出身草莽的人可以位居高官。

美国梦的个性解读：改变自己及其子孙后代的命运。

华裔移民初到美国只能从事餐饮、洗衣等体力劳动。但他们的下一代则有很多人成为科学家、医生、律师、商人或政府官员。

在一定程度上，美国梦，不仅仅是美国人自己的梦，也是其他国家的人做的美国梦，尤其是世界各地准备或者已经移民到美国的人的梦想。

美国梦之所以注重个体奋斗，很重要的一个因素就是美国是一个没有历史的民族、没有历史的移民国家。

没有历史的国家，就没有包袱，它可以在一张白纸上画最新、最美的图画。

美国现在在国际上的国际地位、国际实力又决定了它是一个没有受过世界其他国家和民族欺负的国家。

在这样一种背景下，个人奋斗是理所当然的、最自然的选择。

美国梦是物质的，同时也是精神的。

《独立宣言》提倡人人生而平等，拥有造物者赋予的不可让渡的权利，即生命、自由和追求幸福的权利。这在很大意义上来说，也是美国梦的一种表现。

18 世纪殖民地时期弗吉尼亚州的州长曾经指出，在美国人看来，遥远的未涉及的土地永远比他们已经拥有的土地要好。即使他们已经到达了天堂，如果西边有更好的地方，他们还是会前进。这样的想法鼓励人们不断追求，不要安于现状，始终在寻求一种更好的生活、更好的生活场所。

美国梦是个人的，但同时也带有国家目标的成分。

美国的国家梦发展大致经历了五个时期：

第一个时期是“五月花号”与美国梦的缘起，就是

1620年至17世纪中叶。1620年9月，102名欧洲人乘坐“五月花号”离开英国驶往美洲大陆，登陆后，他们决定在这里开始自己的梦想。此后又有很多欧洲移民到了美洲。

第二个时期是18世纪末至19世纪末的“西进运动”时期。

第三个时期是马汉创立“海权论”时期，美国开始“海洋强国梦”并走向海外。这时期，美国开始重视海军建设，并最终成为世界第一的海军强国。

第四个时期是1890—1928年，美国30年的改革运动时期，这是美国梦的“进步主义时代”。

第五个时期则是罗斯福“世界主义”和美国的“世界梦”时期。自1929年，罗斯福新政以来，美国通过推动建立布雷斯顿森林体系，确定美元作为全世界通行的货币；建立了雅尔塔体系；推动建立联合国国际组织，实现了美国的“世界梦”。

如果说美国梦体现了美国文化和美国的国民性格的话，那么中国梦则充满着中华文明“家国天下”的理性光辉。中国梦开篇明义地提出了从国家到个人三者之间不同内涵。

为什么中美之间的梦想有如此之大的差别呢？

梦想是要建立在实实在在的经济物质基础之上的，要建立在历史文化基础之上，用马克思的话说，社会发展不能脱离社会这个现实环境。

中华民族五千年来，在 18 世纪之前，甚至在 19 世纪之前，我们在世界上都是属于经济比较繁荣的国家。但从鸦片战争以来，我们饱受外国列强的欺侮，如果国家不强盛，个体就算再有钱，也守不住。

有研究显示，我们当年那么富裕的一个天朝大国，鸦片战争以后，一系列的不平等条约，让我们付出的财富折合白银大概一千亿两以上。这都是中国人民自己奋斗积累起来的财富，但是在一个软弱的国家、涣散的民族背后，我们拱手让送。

中国社会没有了强大的国家、没有了强盛的民族，你在自己国土上，都可能要成为二等公民。

正因为有了 1840 年以来近百年的屈辱历史，中国人对国家富强、民族振兴、人民幸福才会有深刻的体会。

虽然美国梦与中国梦在本质上有很大的不同，但并不影响我们在实现中国梦的征途中借鉴美国梦成败的经验。

一是借鉴美国梦注重培育和坚持主流价值观。美国的主流价值是自由、平等、民主，几百年都没有变。

美国梦的初期，“五月花号”一到新大陆，追梦行动很快就发展起来了。当时去“新大陆”寻梦的大部分是新教徒，他们的思想解放，追求平等、自由，同时他们勤奋努力、务实，不仅有思想还有理论、能行动。他们中很多人在去新大陆之前，就已经是医生、律师、会计、工程师。

这种思想的传统、价值的传统，使美国社会崇拜创造、创新的英雄，而不在乎什么总统、领导。这一点从欧美火车车厢的设置就可以看出：欧洲的火车到现在还保留着贵族车厢，这节高等车厢，有钱都不一定能坐进去，只有贵族才能坐；而美国不一样，美国没有贵族车厢，谁都可以坐，都是一样的，平民百姓坐在火车上，说不定坐你对面的就是某个国家部门的部长或者国会的议员。

二是借鉴美国梦注重发挥人的主观能动性和潜能。美国人讲究成功学。每个学生都在研究成功学，想着如何成功。

三是借鉴美国梦注重强调进取、责任、担当的阳刚之气。

四是借鉴美国梦注重加强法律和制度的建设。从西奥多·罗斯福时期的《食品安全法》开始，后来陆续有了《国家公园法》、《遗产税》、《反托拉斯法》等一系列的法律做保障。

三、利益追求

“宏大叙事”的国家梦，也是“具体而微”的个人梦。中国梦，最终是由一个个鲜活生动的个体梦想汇聚而成。人人都有追梦的权利，人人都是梦想的筑造者。有梦想、有机会、有奋斗，一切美好的东西都能够创造出来。

“宏大叙事”的国家梦，也是“具体而微”的个人梦。中国梦，最终是由一个个鲜活生动的个体梦想汇聚而成。中国梦在每一方土地升腾，在每一个人心中生长。

同一个世界，每一个梦想。

人的生活水平、生活环境不同，对未来的追求也不尽一样。

美国心理学家马斯洛曾将人的需求分为五种，像阶梯一样从低到高，按层次逐级递升，分别为：生理上的需求，安全上的需求，情感和归属的需求，尊重的需求，自我实现的需求。生理上的需求是人类维持自身生存的最基本要求，如对呼吸、水、食物、睡眠、生理平衡等的需求，如果这些需求任何一项得不到满足，人类个人的生理机能就无法正常运转。换而言之，人类的生命就会因此受到威胁。从这个意义上说，生理需求是推动人们行动最首要的动力。只有这些最基本的需求满足到维持生存所必需的程度后，其他的需求才能成为新的激励因素。之后顺序往上发展为安全上的需求、情感和归属的需求、尊重的需求、自我实现的需求。

从当前我国经济社会发展的状况看，由于区域发展不平衡，社会阶层分化，个体之间的梦想都不一样。有人希望更好的教育，有人期盼更稳定的工作、更满意的收入、更可靠的社会保障、更高水平的医疗卫生服务、更舒适的居住条件、更优美的环境……他们的梦想是吃得更好，能喝上干净的水，呼吸上清洁的空气，在自己家门口就能买到放心的奶粉。也有人已经远离了生存危机，他们希望生活得更加有尊严：体面劳动、权利得到保障、免遭到恐惧的压力……

其实，无论是最基本的需求，还是自我实现需求的满足，从大的方面看，都是对更好的教育、更稳定的工作、更满意的收入、更可靠的社会保障、更高水平的医疗卫生服务、更舒适的居住条件、更优美的环境等美好生活的向往，对人生出彩机会的渴望。

人人都有追梦的权利，人人都是梦想的筑造者。有梦想、有机会、有奋斗，一切美好的东西都能够创造出来。

改革开放，开辟了一个梦想蓬勃生长的新的时代。人们从计划经济的束缚、贫穷生活的逼迫和高度集中的管制中解放出来，自主意识，创造精神，发展活力，前所未有地迸发出来。家庭联产承包的破土而出，乡镇企业的异军突起，城乡大迁徙的潮涌浪叠，助推了中国工业化、城镇化和现代化的伟大进程。人们用自己的勇敢、智慧和勤劳，书写历史的新篇，改变自己的命运，升腾多彩的梦想。

“小河有水大河满”。每个人的自由发展是一切人自由发展的条件，个体不同的梦想，最终汇入民族梦、国家梦的历史大河里。个体梦想的实现，正是国家梦想实现的重要前提。

“大河没水小河干”。每一个人的奋斗努力，如果离开了国家的奋斗、民族的奋斗、集体的奋斗，梦想也未必成真。

“国家好，民族好，大家才会好”。回首近代以来，瓜分豆剖的危险、亡国灭种的阴霾、“东亚病夫”的歧视……国家失去尊严，民族饱受屈辱，个人何敢言梦？

从新中国“站起来”，到改革开放“富起来”，再到新世纪“强起来”，国家民族的强盛，让人民的幸福有了坚实依托；中国梦的茁壮，使个人梦想有了广阔空间。吃饱穿暖、下海经商、有车有房……个人梦想的日益丰富，再次说明，中华民族是一个命运共同体，有国家的繁荣昌盛，才有个人的全面发展；实现中华民族伟大复兴，体现了中华民族和中国人民的整体利益，是每一个中华儿女的共同期盼。

1978年，安徽凤阳小岗村18位农民以“托孤”的方式，冒着极大的风险，立下生死状，在土地承包责任书上按下了红手印，他们最朴素的愿望就是通过自己的双手能自己解决温饱。小岗村的那18个农民，在按红手印时，根本不会想到此举会开启中国发展的新路向。个人与国家，其实是一个命运共同体，“都说国很大，其实一个家；家是最小国，国是千万家；有了强的国，才有富的家”。

中国梦，人民梦，不是两个截然不同的概念，而是一枚硬币的两个面。中国梦和人民梦是合为一体的，实际上是同一个概念，人民是实现中国梦最主要、最直接的受益者。

国泰则民安，民富则国强。国和家的命运攸关，是中华民族漫长演进史中最为深刻的总结，国家兴衰始终都在塑造个体命运中扮演了核心角色。正如有论者所言，在灾难与辉煌的双重变奏之中，一个个中国人的梦想从来离不开民族整体的际遇。个体的命运往往随着历史而流转颠簸，无论大江大海还是一枝一叶。

“人们对美好生活的向往，就是我们的奋斗目标”。国家之梦，反映国民之梦；个人之梦，融为民族之梦。

从“贫穷不是社会主义”到“共同富裕”，从“发展是硬道理”到“全面建成小康社会”，几十年来，发展经济，改善民生，始终是党和政府最重要的工作。中国改革发展的历程，正是在倾听人民呼声、回应人民期待中不断深化的，也必将沿着这个方向继续推进，不断实现好、维护好、发展好最广大人民根本利益，让老百姓得到更多好处。

中国梦，是对公平正义的向往。实现公平正义，既需要处理好教育、就业、养老、医疗、收入分配等方面的问题，也需要权利保障更加充分、人人得享共同发展。只有这些得到妥善解决，社会才能安定有序，国家才能长治久安。

中国梦，是对改善生活的渴望。这些年来，无论是城乡居民收入持续增长、社会保障网初步建立，还是医疗、教育等方面不断向前的改革，人民群众的幸福指数不断提高。农业税免除了，义务教育免费了，职工工资增加了，城市低保标准提高了，农民有了基本医疗保障，收入分配制度改革基本思路形成……从生活质量到生态环境，各级政府通过坚持不懈的努力，拓展着民生工作的内涵与外延。这种着眼于人的全面发展的“大民生”观，让亿万人民逐步共享发展成果。

千百年来，中国老百姓企盼的就是“过上好日子”。能够让人们过上好日子的社会，必定是一个学有所教、劳有所得、病有所医、老有所养、住有所居的社会。我们深知，这样的中国梦，体量之大，涉及 13 亿人；范围之广，涵盖百姓生活的方方面面。这决定了圆梦之途绝不轻松，既需要尽力而为、量力而行、循序渐进，更需要克勤克俭、辛勤劳动，在推动经济发展中，不断满足民生之需、不断增进民生福祉。

千百年来，中国老百姓企盼的就是“过上好日子”。

从宏大的角度看，梦有共性，拥有选择的自由，通过个人奋斗获得幸福生活是美国梦的精神，当我们在审视美国梦时，其实也在寻找自己的中国梦。中国梦和美国梦一样，都强调进取精神，有梦的人才有希望。

中国梦不是空中楼阁。梦想成真，民生改善是最好诠释。将国家的发展落脚在所有人的共同发展上，将梦想的力量凝聚在共同富裕的旗帜下，未来中国定能以稳健有力的步伐，在民族复兴梦想的道路上踏实前行。

第四章

中国梦，百年寻

从1840年起，为实现“国家富强，民族振兴，人民幸福”的中国梦，我们整整走过了173年。

百年寻梦，记录了中华民族从饱受屈辱到赢得独立解放的非凡历史，承载着艰辛探索中国特色社会主义道路的伟大历程，展现出中国特色社会主义道路的锦绣前程，深刻表达出中国近代以来历史发展的主题主线。

上一代的中国梦，要把一个政治上受压迫、经济上受剥削的中国，变为一个政治上自由和经济上繁荣的中国；要把一个被旧文化统治因而愚昧落后的中国，变为一个被新文化统治因而文明先进的中国。

这一代的中国梦，要达到“两个百年”的奋斗目标，全面建成小康社会，将中国建成富强民主文明和谐的社会主义现代化国家。

记住这百年寻梦的伟大历程，记住这173年生生不息的民族历史，我们将一脉相承、一以贯之地为实现中国梦英勇奋斗。

100 年是漫长的也是短暂的。

告别辛亥革命以来的百年历史，告别自 1840 年以来所经历的苦难与痛苦，我们这个民族，经过 100 多年的求索与奋斗，让世界重新认识了中国，中国也以新的面貌融入了世界。

百年跨越，中国人跨越的绝不仅仅是一个时间节点，伴随着国家一起迈入新时代的，是中华民族伟大复兴梦想。

一、 血洒维新

近代中国第一个大梦，是从康梁维新变法开始，史称“戊戌变法”。“百日维新”结果：光绪帝被囚于中南海瀛台。康有为、梁启超逃往海外。谭嗣同、林旭、刘光第、杨深秀、康广仁、杨锐六位维新志士惨遭杀害，史称“戊戌六君子”。除京师大学堂外，其他新政措施都被废除。

近代中国第一个大梦，是从康梁维新变法开始，史称“戊戌变法”。

康有为、梁启超是戊戌变法的领袖人物，是中国共产党出世之前向西方寻找真理的先进中国人。

1882 年，康有为到北京参加会试，回程经过上海，接触到很多资本主义的事物，收集了不少介绍资本主义各国政治制度和自然科学的书刊。

经过学习，康有为逐步认识到资本主义制度，比中国的封建制度先进。

帝国主义的侵略，清朝的腐败，让年轻的康有为胸中燃起了救国之火；西方的强盛，让他立志要向西方学习，借以挽救正在危亡中的祖国。

1. 上书光绪变法新政

1888 年，康有为再到北京参加顺天乡试，没有考取。当年 9 月，他上书光绪帝，痛陈祖国的危亡，批判因循守旧，要求变法维新，提出了“变成法，通下情，慎左右”三条纲领性的主张。

1891 年，康有为回到广东，开办万木草堂学馆，聚徒讲学，为变法运动创造理论。在尊孔名义下先后写下《新学伪经考》和《孔子改制考》两部著作。前书把封建主义者历来认为神圣不可侵犯的某些经典宣布为伪造的文献；后书把本来偏于保守的孔子打扮成满怀进取精神，提倡民主思想、平等观念的人。康有为的改革精神在知识界产生了强烈的震动和反响，也对封建顽固守旧分子构成了很大威胁，被视为异端邪说。

1894 年，康有为《大同书》（原名《人类公理》）发表。《大同书》描绘了人世间的种种苦难，提出大同社会将是无私产、无阶级，人人相亲、人人平等的人间乐园。

1895—1898 年，康有为积极地进行了变法实践。

1895 年 4 月，在京参加会试的各省举人，听说清政府要与日本订立丧权辱国的《马关条约》，极为愤慨。康有为连夜起草上皇帝书。各省举人一千三百多人集会，通过了这份万言书。

5 月 2 日，万言书送交都察院。这就是有名的“公车上书”。

在上书中，康有为从爱国的立场出发，强烈主张“拒和、迁都、变法”。

他建议光绪皇帝“下诏鼓天下之气，迁都定天下之本，练兵强天下之势，变法成天下之治”。

此后，康有为又连续上书几次，从政治、经济、文化教育等几个方面系统地阐述了自己的变法思想。

政治方面，他提出要变君主专制为君主立宪。指出：“东西国之强，皆以立宪法，开国会之故。国会者，君与国民共议一国之政法也。”

经济方面，康有为提出要发展工业，振兴商业，保护民族资产阶级利益。

文化教育方面，康有为提出要“开民智”、“兴学校”、“废八股”。

这几个方面构成了康有为变法维新的基本纲领。

1895 年 8 月，康有为为组织和发展维新派力量，在北京组织了强学会。强学会每三天举行一次例会，讨论“中国自强之学”，批判顽固派的投降卖国。此举惹怒了李鸿章等人，他们下令封闭强学会。

同年 11 月，康有为离京南下在上海组织了强学分会，不久也被封闭。

1897 年 11 月，德国出兵占领胶州湾，引起了全国人民的激烈反对。

1898 年 3 月，康有为又在北京组织保国会。在成立大会上，康有为慷慨陈词：“二月以来，失地失权之事已二十见，来日方长，何以卒岁？”

康有为的话深深地打动了听众的心，保国会员很快发展到数百人。这引起了顽固派的恐惧和诽谤。

有人大骂保国会“名为保国，势必乱国”；有人上书弹劾，准备对康等进行查究，后因光绪皇帝说“会为保国，岂不甚善”才算作罢。康有为和他的同事们通过组织学会，宣传了爱国主义思想，进一步动员了群众，扩大了变法维新的影响。

一系列的政治实践，令康有为在社会上名声渐大。

光绪皇帝下令，康有为如有奏折，即日呈递，不得阻拦。

1898 年 6 月 11 日，光绪皇帝颁布《明定国是诏》，宣布实行新政，“变法自强”。

五天以后，光绪皇帝正式接见康有为，赏六品衔，任其为“总理衙门章京上行走”，同时给他专折奏事的权力。不久，梁启超、谭嗣同都在政府中任了职，共同参与变法维新。

2. 百日维新一场梦

1898 年 6 月 11 日，光绪帝颁《明定国是诏》，宣布变法。

百日维新一场梦

此后光绪帝陆续发出数十道改革命令，历时 103 天，是为“百日维新”。

变法主要内容：

政治方面：广开言路，准许各级官员及民众上书言事，严禁官吏阻格；删改则例，撤销重叠闲散机构，裁汰冗员；取消旗人的寄生特权，准其自谋生计；改革财政，创办国家银行，编制国家预决算。

经济方面：设立农工商总局，开垦荒地；提倡私人办实业，奖励发明创造；设立铁路、矿务总局；鼓励商办铁路、矿业；裁撤驿站，设立邮政局。

军事方面：严查保甲，实行团练；裁减绿营，淘汰冗兵，采用新法编练陆海军。

文教方面：改革科举制度，废除八股，改试策论；改书院和淫祠为学堂；鼓励地方和私人办学，创设京师大学堂，各级学堂一律兼习中学和西学；准许民间创立报馆、学会；设立译书局，翻译外国新书；派人出国留学、游历。

“百日维新”结果：光绪帝被囚于中南海瀛台。康有为、梁启超逃往海外。谭嗣同、林旭、刘光第、杨深秀、康广仁、杨锐六位维新志士惨遭杀害，史称“戊戌六君子”。除京师大学堂外，其他新政措施都被废除。

3. 戊戌变法与明治维新

戊戌变法，史家称清末新政。

经过了一百多年的政治争斗与历史沉淀，国人已经能够以一种平和的心态，承认它是晚清时期中国的一次自救，一次向自己的近邻日本学习的过程。

史学界经常拿戊戌变法和日本的明治维新进行比较。

明治维新的主要领导人是一些青年武士，他们以“富国强兵”为口号，企图推翻德川幕府，把大政归还天皇，建立一个能同西方并驾齐驱的国家。

1871 年废藩置县，摧毁了所有的封建政权。同年成立新的常备军。

1872 年建成第一条铁路，1882 年成立新式银行。

1873 年实行全国义务兵制，统一货币，实行地税改革。

1885 年实行内阁制，1889 年正式颁布宪法，1890 年召开第一届国会。

到 20 世纪初，明治维新的目标基本上完成。

明治维新结果：日本成为唯一一个没有沦为殖民地或半殖民地的亚洲国家。

戊戌变法，是一次资产阶级改良运动，是资产阶级变革社会制度的初步尝试。

维新派试图在政治上建立资产阶级君主立宪制。在经济上发展民族资本主义，符合当时的历史发展趋势。

戊戌变法是一次爱国救亡的政治运动。在民族危机加剧的时刻，维新派以变法图强、救亡图存为目标，进行广泛的宣传鼓动，希望通过改革，摆脱帝国主义列强的侵略，使中国走向独立、民主和富强，表现出强烈的爱国热情，激发人民爱国思想和民族意识。

戊戌变法也是近代中国一次思想潮流的解放。资产阶级维新派提倡新学，主张兴民权，对封建思想进行了猛烈的抨击，为近代思想启蒙运动的蓬勃兴起开辟了道路，促进了中国人民的觉醒。

二、梦殇共和

中山遗嘱："余致力国民革命凡四十年，其目的在求中国之自由平等。积四十年之经验，深知欲达到此目的，必须唤起民众及联合世界上以平等待我之民族，共同奋斗。

现在革命尚未成功，凡我同志，务须依照余所著《建国方略》、《建国大纲》、《三民主义》及《第一次全国代表大会宣言》，继续努力，以求贯彻。最近主张开国民会议及废除不平等条约，尤须于最短期间促其实现。是所至嘱。"

1. 近代反清英雄第一人

孙中山被称为"近代反清英雄第一人"。

1894 年 6 月，孙中山尝于《上李傅相书》中，提出多项改革建议，为李鸿章断拒。

失望之余，他远赴檀香山茂宜岛，创建了生平第一个革命组织——兴中会。以"驱逐鞑虏，恢复中国，创立合众政府"为宗旨，以"振兴中华"为目标。

孙中山被民众称为“近代反清英雄第一人”。

1895年2月，孙中山到香港，会同旧友陆皓东、郑士良、陈少白、杨鹤龄等人，成立“香港兴中会总会”。杨衢云、谢缵泰等人以“开通民智、改造中国”为宗旨创立的“辅仁文社”欣然并入。

兴中会总会以“驱除鞑虏，恢复中国，创立合众政府”为誓，决定先攻取广州为根据地，并采用陆皓东所设计的青天白日旗为起义军旗。重阳节，兴中会发动广州起义，起义因事先泄密而失败，革命先行者陆皓东被清廷杀害。

1896年秋，孙中山转往英国伦敦，在当地被清廷特务缉捕入中国使馆，成为国际事件。孙中山因写作英文版《伦敦蒙难记》（*Kidnapped in London*，又译《伦敦被难记》）而名声大噪。

1903年夏，孙中山在日本青山开办革命军事学校，再度将“驱除鞑虏、恢复中华、创立民国、平均地权”设为革命誓词。

1905年8月，孙中山领导“兴中会”与黄兴、宋教仁等人的“华兴会”，蔡元培、吴敬恒等人的“爱国学社”，张继的“青年会”等组织，在日本东京成立“中国同盟会”。

孙中山被推为同盟会总理，将“驱除鞑虏、恢复中华、创立民国、平均地权”确定为革命政纲，并将华兴会机关刊物《二十世纪之支那》改组成为《民报》。

孙中山在发刊词首次提出“三民主义”学说，即“民族、民权、民生”，与梁启超、康有为等改良派激烈论战。

随后，孙中山与黄兴、章太炎编定《同盟会革命方略》，举所誓之四纲，正式宣示进行国民革命，定“军法之治、约法之治、宪法之治”三程序，力图创立“中华民国”。

1906 年，孙中山由法国到日本，其间两至新加坡，在晚晴园主持成立同盟会新加坡分会，新加坡由此成为革命党人在南洋的活动中心。

1907 年，孙中山离开日本赴南洋，在胡汉民、汪精卫等支持下，在南洋另立同盟会总部。

自 1907 年 7 月至 1911 年，孙中山多次授命，在全国各地发动起义，亲赴广西主持镇南关起义。

1909 年至 1911 年，孙中山漂泊国外期间，多次在各国华侨、留学生中筹划革命经费，争取外国政府支持，快速扩张规模，吸收海外华侨参与革命。

1911 年 10 月 10 日（农历八月十九日），武昌起义，武汉光复，各省纷纷响应，革命取得第一次成功。

2. 护国运动风起云涌

中国人走向共和梦，注定艰辛曲折。

1916 年袁世凯称帝，引发各省争议，发生护国战争。

1917 年，北洋军阀段祺瑞镇压张勋复辟后“再造共和”，废止了 1913 年选出的国会。

孙中山为维护临时约法，恢复国会，在上海发动护法运动，通电西南各省，拥护共和，号召议员在南方另行召集国会，组织临时政府。

1917 年 7 月，孙中山南下广州，掀起护法运动。联合西南地方实力，共同反对北洋军阀。8 月，国会非常会议在广州召开，孙中山被选为中华民国海陆军大元帅，随即组建中华民国军政府。

护法战争爆发，范围波及粤、桂、湘、闽、滇、黔、川、鄂、陕九省。

西南各实力虽然标帜“护法”，实为割据自雄。1918 年桂、滇各系控制国会改组护法政府，以七总裁取代大元帅，孙中山被迫去职。

1919 年 10 月，改中华革命党为“中国国民党”。

1920 年，陈炯明击退盘踞广州一带的桂系、滇系，请孙中山重回广州。次年，广州非常国会取消军政府，选孙中山为“大总统”，开始第二次护法运动。

孙中山就职后，力主军事北伐，最终与主张“暂缓军事、联省自治”的陈炯明产生激烈冲突。

1922 年 6 月，陈炯明发难，爆发炮击总统府事件，孙中山化装离粤，退居上海，护法运动失败。

自陈炯明兵变后，孙中山开始考虑与共产党合作的可能。1923 年 1 月，孙中山与苏联政府全权代表越飞在上海发表《孙文越飞联合宣言》，正式讨论与共产党合作。1923 年 1 月，在拥护孙中山的滇军杨希闵部、桂军刘震寰部，以及倒戈粤军联合组成的西路讨贼军的攻击下，陈炯明部被逐出广州，败退至东江。

2 月，孙中山重回广州，设立大元帅府。12 月，接受列宁和共产国际的协助重建大元帅府，共产国际派出鲍罗廷到广州为孙中山顾问，以苏共为模式重组中国国民党。

1924 年 1 月，孙中山在中国国民党第一次全国代表大会上，宣布实行“联俄、联共、扶助农工”三大政策，接受中国共产党和苏俄共产党帮助，改组国民党。3 月组建黄埔军校，任命蒋介石为校长。

国民党“一大”的成功，标志着第一次国共合作正式形成。这次合作实现后，以广州为中心，汇集全国的革命力量，很快开创出反帝反封建的革命新局面。

1925 年春孙中山在北京病发。3 月 11 日，自知不起，临终时签字《总理遗嘱》：

余致力国民革命凡四十年，其目的在求中国之自由平等。积四十年之经验，深知欲达到此目的，必须唤起民众及联合世界上以平等待我之民族，共同奋斗。

现在革命尚未成功，凡我同志，务须依照余所著《建国方略》、《建国大纲》、《三民主义》及《第一次全国代表大会宣言》，继续努力，以求贯彻。最近主张开国民会议及废除不平等条约，尤须于最短期间促其实现。是所至嘱。

1925 年 3 月 12 日孙中山病逝，弥留之际，低呼："和平……奋斗……救中国！"

3．孙中山建国方略

《建国方略》概括了孙中山对未来中国建设理想设计，站在当今中国发展的水平上，我们应该为孙中山的诸多远见而叹服。

《建国方略》提出了发展中国经济的远景规划，发展交通和通讯是孙中山关注的重点。

他提出：修建 10 万英里的铁路，以五大铁路系统把中国的沿海、内地和边疆连接起来；使公路网遍布全国，修建 100 万英里的公路；开凿、整修全国的水道和运河，大力发展内河交通和水力、电力事业；在中国北部、中部及南部沿海各修建一个"如纽约港"那样的具世界水平的大海港；建设华北、华中、华南三大世界级港口。

孙中山第一次把经济建设放到首位，第一次提出对外开放、引进外资的经济战略思想。尤其值得一提的是，

《民权初步》作为《建国方略》的社会建设部分，是一部关于民主政治建设的论著，叙述了政府的组织、运作和普通大众在社会生活中应把握的具体民主原则、程序和方法，反映了孙中山倡导的民主政治思想。

在《建国方略》里，孙中山先生从思想层面到经济层面，再至政治层面，对中国的现代化进程进行了系统化的详细设计，被民国政府标榜为立国的第一指导纲领。

它作为百年辛亥革命珍贵遗产，是全面详实企划大中华民主富强现代化方案的宏伟巨著。

当年的远见，而今盘点，当时许多天才般的设想都已经变成了现实。

比如关于东方大港的构想，孙中山写道："顾吾人之理想，将欲于有限时期中发达此港，使与纽约等大。"孙中山认为东方大港应建在"杭州湾中乍浦正南之地"，并表示"论其为东方商港，则此地位远胜上海"。在第三计画中，孙中山构想建设一南方大港，"以完成国际发展计画篇首所称中国之三头等海港"。这个南方大港的位置"当然在广州"。

如今三个头等海港已经建成，孙中山所设想的三地已经形成了三个庞大的港口群。

北方港口群以京塘港为中心，两翼有营口港、丹东港、天津港等。

东方港口群有上海港、宁波港、南通港、连云港以及落成不久的上海洋山深水港。

南方港除了广州港外，还有深圳、蛇口等港口，吞吐量均在亿吨左右，忙碌景象远远超出孙中山的设想。

孙中山最富创意设想，是高原铁路建设。“此是吾铁路计划之最后部分，其工程极为繁难，其费用亦甚巨大。”这位伟人表示，这一块土地“有最富之农产与最美之牧场”，矿藏丰富、世人罕至，一旦其他铁路完成之后，这条铁路建设实有“必要”。如今青藏铁路的运行，使当年的梦想变成现实。

三、自立东方

只有社会主义才能救中国，这个命题是毛泽东在1938年最先提出的。

1979年邓小平论及了另一个伟大的命题“社会主义可以搞市场经济”。

江泽民在建设物质文明和精神文明的基础上又提出建设政治文明，并且把这三大文明（物质文明、政治文明、精神文明）同三大建设（经济建设、政治建设、文化建设）联系起来，作为全面建设小康社会的科学内涵。

胡锦涛同志又从新世纪新阶段的发展全局出发，在总结新中国成立以来特别是改革开放以来的历史经验和吸收世界文明成果的基础上，创造性地提出了以人为本、全面协调可持续的科学发展观，并把中国特色社会主义事业的总体布局从经济建设、政治建设、文化建设三位一体拓展为经济建设、政治建设、文化建设、社会建设四位一体，进而在党的十七大上提出了全面建设小康社会的新要求。

1. 社会主义救中国

只有社会主义才能救中国，这个命题是毛泽东在1938年最先提出的。

中国共产党在奋斗壮大的进程中，首先产生了毛泽东思想这一马克思主义中国化的重要结晶。

1949年10月1日，毛泽东在天安门城楼宣告，中华人民共和国中央人民政府成立了。

在此之前10天，在第一届中国人民政治协商会议上，毛泽东用浓重的湖南乡音说：

> 诸位先生代表们，我们有一个共同的感觉，这就是我们的工作将写在人类的历史上，它将表明占人类总数四分之一的中国人从此站立起来了。

为了一句“中国人民站起来了”，这个民族用了一百多年。

这是一段非凡、充满巨变的波澜壮阔的民族历史，有大量的先烈牺牲，有无数艰难险阻，同时也极大地丰富了人类的历史进程。

共和国第一任国家主席毛泽东为人民英雄纪念碑亲自撰写了碑文：

三年以来，在人民解放战争和人民革命中牺牲的人民英雄们永垂不朽！

三十年以来，在人民解放战争和人民革命中牺牲的人民英雄们永垂不朽！

由此上溯到一千八百四十年，从那时起，为了反对内外敌人，争取民族独立和人民自由幸福，在历次斗争中牺牲的人民英雄们永垂不朽！

中华人民共和国的成立，标志着 1840 年以来中国争取民族独立、人民解放的历史任务基本完成。

这是马克思主义同中国实际相结合的伟大胜利。它从根本上改变了中国社会发展的方向，为实现第二项历史任务——国家繁荣富强和人民共同富裕——创造了前提，中国历史由此开辟了一个新纪元。

新生的共和国仅用了半年时间就使全国物价基本稳定，治愈了旧中国无法医治的顽症。

农村实行土地制度的改革，先后共使 3 亿多农民无偿获得了约 7 亿亩土地。

建设一个新国家的路途却山高水长。1949 年，中国铁路主干线没有一条能够全线通车；人均国民收入只有 27 美元，相当于亚洲国家平均值的三分之二；4000 万灾民等待救助……

面对旧政权留下的满目疮痍，新的中国，在建设的进程中将经历怎样的艰难曲折？以毛泽东为核心的党的第一

新中国成立后，以毛泽东为核心的党的第一代中央领导集体将如何领导人民开辟一条实现中华民族伟大复兴的新道路？

代中央领导集体将如何领导人民开辟一条实现中华民族伟大复兴的新道路？

从1949年起，我国用三年时间，恢复国民经济。

1953年鞍山钢铁公司生产出中国第一根钢轨，近百年来中国机车只能行驶在外国重轨上的历史于那一刻终结。鞍钢的成就标志着我国重工业发展的成就，标志着新中国经过三年时间，国民经济得到全面恢复和初步发展。

1952年，党中央及时提出了党在过渡时期的总路线：

要在相当长的一个时期内，基本完成国家的社会主义工业化，基本完成对农业、手工业、资本主义工商业的社会主义改造。

这是一条社会主义工业化和社会主义改造同时并举的总路线。

1945 年中共七大上，毛泽东表达了对未来的美好设想。

他提出未来中国工业建设要在若干年内逐步地建立重工业和轻工业，使中国由农业国变为工业国。但是，当中国人真正掌握国家政权的时候却发现想要描绘出美丽的画卷是如此之难。

新中国宣告成立的第三天，苏联政府发来外交照会，在全世界第一个承认中华人民共和国，对新中国给予了巨大的支持。

两个多月后，毛泽东踏上了西去的列车前往莫斯科。这是他第一次出国，也是他出国访问时间最长的一次。

1950 年 2 月，《中苏友好同盟互助条约》签订。条约签订之后，对中国国家的安全稳定乃至世界和平，提供了巨大的法律保障。

此时中国东北边境却传来了隆隆炮声，建设的步伐被打乱。

1950 年 6 月，朝鲜战争爆发，美国借机派第七舰队开进了台湾海峡，中国人民志愿军毅然投入保家卫国的战斗。

抗美援朝战争的胜利使新中国的国际威望空前提高，为新中国的建设赢得了一个相对稳定的和平环境。

20 世纪 50 年代，美国的钢产量是 8700 万吨，中国的钢产量只有几十万吨。

国力之间的巨大差距，让人们认识到，一个刚刚获得独立的民族距离真正的强大还有很长的路要走。

中国没有搞过社会主义，唯一可以学习的对象就是苏联。

20 世纪二三十年代，由苏联创造的人类历史上崭新的计划经济模式引起了世界的普遍关注。

依靠高度集中的计划经济体制，苏联在建国后短短十几年间，就从农业国变成工业国。这一发展模式吸引了包括中国在内的很多刚刚实现民族独立的后发国家。

1952 年中苏两国就经济援助问题进行了两个多月的谈判，苏联承诺五年内给予中国必要的援助。

新中国的工业建设在苏联的帮助下加快了进程，1953 年第一个“五年计划”以边计划、边执行、边修正的方式全面展开。

那是一个火红的年代，到处充满了生机与活力，机器的轰鸣声不绝于耳。

共和国几乎每一天都在发生改变，几乎每一天都有新的建设项目开工上马。其中许多是中国过去没有的新工业，如汽车厂、飞机制造厂、大型发电设备生产厂等等。

新中国的工业化在很短的时间内就取得了重大突破。

1956 年，第一个“五年计划”提前完成。

“一五”期间，我国工业建设和生产所取得的成就远远超过了旧中国的一百年。

这一年，社会主义改造基本完成，社会主义基本经济制度在中国全面建立，原计划用 18 年实现的目标只用了七年。

社会主义制度的全面确立为中国的发展和进步奠定了根本基础，中国开始转入全面的大规模的社会主义建设。

理论界总结其原因，“一五”计划尤其是在该期间进行的社会主义改造，是在生产关系方面由私有制到公有制的一场伟大变革，也是中国历史上最深刻的一场社会变革，它对当时社会生产力的发展直接起到了促进作用。

中国选择社会主义成为 20 世纪 50 年代最重要的事件之一，由此开始了中华民族在社会主义道路上实现伟大复兴的历史征程。

“一五”计划的顺利完成为中国共产党积累了进行建设的初步经验。1956 年 4 月毛泽东发表《论十大关系》系统阐述了处理重工业和农业、轻工业的关系等问题。

毛泽东第一次提出了体制改革的问题，认为不能像苏联那样，把什么都集中到中央，而应当有中央和地方两个积极性，强调：一切民族、一切国家的长处都要学，但不能一切照搬。

《论十大关系》标志着中国开始探索一条适合自己的社会主义建设道路，为随后召开的中共八大做了理论准备。

作为中国共产党执政之后的第一次全国代表大会，作为独立探索社会主义道路之后的一次重要会议，八大对建国以来七年的经验作了总结，也对未来的发展进行了规划。

这个时候主要矛盾发生了重大变化：国内主要矛盾，不再是阶级矛盾，而是人民对于建立先进的工业国的要求同落后的农业国现实之间的矛盾，是人民对于经济文化迅速发展的需要同当前经济文化不能满足人民需要的状况之间的矛盾。

矛盾的实质，是先进的社会主义制度与落后的社会生产力之间的矛盾。

党的主要任务，就是要集中力量解决主要矛盾，把工作重点转移到社会主义经济建设上来，大力发展生产力，尽快地把我国从落后的农业国变成先进的工业国。

八大关于主要矛盾的思想、关于经济建设的思想，包括社会政治建设、民主政治建设、执政党建设，完全正确且富有创意，在党的历史上具有重要地位。

1957 年 2 月，毛泽东在扩大的最高国务会议上，发表了《关于正确处理人民内部矛盾的问题》的讲话，进一步总结了社会主义建设事业发展中的历史经验，创造性地阐述了社会主义社会矛盾学说。

以毛泽东同志为代表的中国共产党人在探索建设社会主义的过程中，作出了一系列理论创造，提出了一系列独创性的理论观点。

此时的中国，强烈的民族自豪感交织着建设新国家的巨大热情，汇聚成了一股无穷的力量，鼓舞着领袖和普通百姓对未来的美好梦想。

2. **历史在曲折中前行**

然而，当对梦想的追逐变得狂热时，人们逐渐忽视了理性的声音。

“一五”计划取得的巨大成就使中央和地方的不少领导干部滋长了骄傲自满情绪，夸大了主观意志和主观努力的作用，忽视经济规律，急于求成，对社会主义建设的长期性、复杂性估计严重不足。

1957 年，毛泽东在莫斯科纪念十月革命 40 周年大会上，回应赫鲁晓夫“15 年内赶超美国”的说法，提出中国要在 15 年内钢产量赶超英国。《人民日报》社论中出现了一个新名词“大跃进”，片面追求建设的高速度、高指标的“大跃进”运动在全国范围内开展起来。

对速度的渴求同样出现在农业领域。1958 年全国掀起人民公社化运动高潮，一个多月里，全国 74 万个农业生产合作社就合并成为 2. 6 万多个公社。

正常的经济秩序被破坏，加之严重的自然灾害，1959 年到 1961 年，国民经济严重困难的局面出现了。

1960 年，粮食和棉花产量跌落到 1951 年的水平。

这一年，苏联单方面撕毁了 600 个合同，撤走全部在华专家，停止供应中国建设急需的重要设备。

250 多个大型建设项目处于停顿、半停顿状态，新中国处在了建国以来国际、国内环境最为困难的时期。

这一时期，中国的近邻日本却迎来了经济发展的“黄金年代”，国民收入在七年里增加了一倍。

1964 年东京奥运会的举行，使日本国民生产总值猛增一倍多。1968 年日本成为当时仅次于美国和苏联的世界第三经济强国。

在曲折中探索的中国将如何摆脱困难局面呢?

党中央提出了“调整、巩固、充实、提高”的八字方针。1962 年到 1965 年国民经济逐渐恢复。

城镇出现了集市贸易，农民重新有了自留地，不少农村甚至实行了包产到户。

但这些好的发展趋势很快停顿下来，党和国家政治生活中出现了不正常的情况，集体领导原则、民主集中制原则不断被削弱和破坏，党的权力过分集中于个人，导致了“文化大革命”的发生。

最值得记取的教训，是 1966 年 5 月开始到 1976 年 10 月结束的十年“文化大革命”。

党和国家事业遭遇严重挫折，国民经济遭到严重破坏，人民群众遭受严重损失，民主和法制遭到严重践踏，科技水平与世界先进国家的差距进一步拉大。

这是一场值得中华民族永远记取的悲剧，为了找到一条属于自己的道路，年轻的共和国曾经历过相当艰难的历程。

3. 毛泽东时代的建设成就

新中国的成立，实现了民族独立和人民解放，开辟了中国历史的新纪元。

从“一五”计划到“六五”计划，我国基础工业大幅增强。

新中国成立之初，中国除了东部和内陆中心城市一些纺织和轻工机械，根本没有值得一提的工业基础，甚至连灯油都要靠进口。

经过 27 年的高速工业化，中国成功建立了完善的工业体系。

1952 年，工业占国民生产总值的 30%，农业占 64%。

1975 年，这个比率颠倒过来：工业占国家经济的 72%，农业则仅占 28%。

在这期间，中国的工业总产值增长了 30 倍。即使“文革”十年期间，工业总产值也翻了一番，从 1965 年的 1402 亿元发展到 1976 年的 3207 亿元。

这是共和国几个重要产业的发展数据：

1952 年至 1978 年，我国钢铁产量从年产 140 万吨增长到年产 3180 万吨，煤炭产量从年产 6600 万吨增长到年产 6. 17 亿吨，水泥产量从年产 300 万吨增长到年产 6500 万吨，木材产量从年产 1100 万立方米增长到年产 5100 万立方米，电力从年产 70 亿度（千瓦小时）增长到年产 2560 亿度，原油产量从基本空白发展到了年产 1. 04 亿吨，化肥产量从年产3.9万吨上升到年产869.3万吨，农药从年产2000吨增加到年产53万吨。

中国从无到有，建立起规模庞大的航空、航天、原子能及门类齐全的军工体系，并在这些领域取得了奠定中国大国地位的巨大成就。

至毛泽东逝世时，中国已由一农业国发展成为从喷气式飞机、运载火箭、核潜艇到工业成套设备和所有农业机械无所不能造的工业大国。

1976年，中国工业门类的齐全程度、技术水平和开发能力，在发展中国家首屈一指，并在部分领域接近甚至达到世界先进水平。

基础设施建设方面，共建成了80多万公里的公路，2万多公里的铁路，其中绝大部分穿越于群山峻岭和戈壁沙漠，使滇、桂、川、黔、青、闽、新、宁和河套平原等地结束了没有铁路的历史。

水利建设方面，完成了主要大江河的治理工作，兴建水库5万多座。库容20亿立方米以上的31座超大型水库中，30座为1949年后所建。仅淮河治理就修建水库3400座。现在使用的水利设施相当部分是毛泽东时代遗留下来的。

领导中国进行改革开放的邓小平说：我们能在今天的国际环境中着手进行四个现代化建设，不能不铭记毛泽东的功绩。

四、 圆梦小康

大道之行也，天下为公，选贤与能，讲信修睦。故人不独亲其亲，不独子其子，使老有所终，壮有所用，幼有所长，矜寡孤独废疾者皆有所养，男有分，女有归。货恶其弃于地也，不必藏于己；力恶其不出于身也，不必为己。是故谋闭而不兴，盗窃乱贼而不作，故外户而不闭。是谓大同。今大道既隐，天下为家，各亲其亲，各子其子，货力为己，大人世及以为礼，城郭沟池以为固，礼义以为纪，以正君臣，以笃父子，以睦兄弟，以和夫妇，以设制度，以立田里，以贤勇智，以功为己。故谋用是作，而兵由此起。禹、汤、文、武、成王、周公由此其选也。此六君子者，未有不谨于礼者也。以著其义，以考其信，著有过，刑仁讲让，示民有常，如有不由此者，在势者去，众以为殃。是谓小康。

——《礼记·礼运》

1. “三步走”构筑小康梦

1979 年 12 月，邓小平在会见日本首相大平正芳时，第一次提出了“小康”概念以及在 20 世纪末我国达到“小康社会”的构想。

他说：我们要实现的四个现代化，是中国式的四个现代化。我们的四个现代化的概念，不是像你们那样的现代化的概念，而是“小康之家”。到本世纪末，中国的四个现代化即使达到了某种目标，我们的国民生产总值也还是很低的。要达到第三世界中比较富裕一点的国家的水平，比如国民生产总值人均 1000 美元，也还得付出很大的努力。

党的十二大正式引用了这一概念，并把它作为 20 世纪末的战略目标。

在“小康社会”人民的生活达到“小康水平”，这是指在温饱的基础上，生活质量进一步提高，达到丰衣足食。

“小康”源出《诗经》，是千百年来中国人对衣食无忧、平安幸福生活的热切企盼与向往。

邓小平把“小康”、“小康之家”同“中国式的现代化”紧密联系起来，从人民群众的根本利益出发，树立起当代中国的发展目标。

邓小平说：所谓小康，就是到 20 世纪末，国民生产总值人均 800 美元。

所谓小康，就是我国人均国民生产总值达到中等国家水平。

党的十二大因此确定，在20世纪最后20年，从1981年到本世纪末的20年，我国经济建设总的奋斗目标是，在不断提高经济效益的前提下，力争使全国工农业总产值翻两番。

实现这个目标，城乡人民的收入将成倍增长，人民物质生活可以达到小康水平。

1987年4月，邓小平在会见西班牙客人时，明确提出了“三步走”实现中国现代化的战略构想：

第一步，是在80年代翻一番。人均达到500美元，解决人民的温饱问题。

第二步，是到20世纪末，再翻一番，人均达到1000美元，进入小康社会。

第三步，在21世纪再用30年到50年的时间，再翻两番，大体上达到人均4000美元，基本实现现代化，达到中等发达国家的水平。

党的十三大把邓小平的这一战略构想写进了大会的报告中，作为我们党和国家进行现代化建设的重要指导思想，并且把第三步目标实现的时间进一步确定为21世纪中叶。

2. 南方视察掀起追梦潮

1979年，邓小平论及了另一个伟大的命题：社会主义可以搞市场经济。

此后，他十余次论证：“计划和市场都是方法”，“社会主义与市场经济之间不存在根本矛盾”。

他深刻感悟到，要实现小康，要发展生产力，“靠过去的经济体制不能解决问题”，体制改革是必由之路。

在经历了“计划经济为主，市场调节为辅”、“有计划的商品经济”两个阶段的体制改革之后，邓小平在南方谈话中明确指出：

计划多一点还是市场多一点，不是社会主义与资本主义的本质区别。计划经济不等于社会主义，资本主义也有计划；市场经济不等于资本主义，社会主义也有市场。计划和市场都是经济手段。

这些话彻底解除了中国人追逐小康梦的路径障碍。

1992 年邓小平南方谈话以后，我国对外经济关系发展迅速，对外贸易持续以两位数的百分比增长。

1997 年进出口总额为 3251 亿美元，进入世界十大贸易国行列；1992—1997 年实际利用外资额为 2683. 12 亿美元，是 1979—1991 年的 3. 4 倍，成为我国现代化建设不可缺少的补充。

南方谈话是改革开放史上的重大事件，对中国的历史进程产生了深远的影响。

据统计：1989 年初至 1990 年底，邓小平先后四次使用“稳定压倒一切”。但从 1991 年起他不再讲“稳定压倒一切”，而是在思想和行动上都转向了“改革压倒一切”。

南方谈话之后，中国人追逐小康梦达到高潮。广东更是提出20年赶超亚洲“四小龙”的追梦计划。

南方谈话之后，中国人追逐小康梦达到高潮。

今天，我们看到整个中国被市场经济解放出来的生产力，我们感受到整个中国现代化发展的脚步，我们重温邓小平的讲话，深刻体味着那追梦的激情和思想的力量：

“现在看翻两番肯定能够实现。这个话，我们过去是不敢讲的，只是讲翻两番有可能实现，但是要花很大的力气。经过四年的时间，‘六五’计划的主要生产指标三年完成，今年的计划也将超额完成。过去说，如果前10年平均增长速度能够达到6.5%，20年平均增长速度能够达到7.2%，翻两番的目标就能够实现。看来我们前10年的势头可能超过7.2%，因为前三年已经接近8%了。”

“翻两番的意义很大。这意味着到本世纪末，年国民生产总值达到1万亿美元。从总量说，就居于世界前列了。这1万亿美元，反映到人民生活上，我们就叫小康水平；反映到国力上，就是较强的国家。因为到那时，如果拿国民生产总值的1%来搞国防，就是100亿，要改善一点装备容易得很。据说苏联是20%的国民生产总值用于国防，为什么他翻不起身来，就是负担太沉重。100亿美元能够办很多事情，如果用于科学教育，就可以开办好多大学，普及教育也就可以用更多的力量来办了。智力投资应该绝不止1%。现在我们是捉襟见肘，要增加一点教育经费、科研经费，困难得很。至于人民生活，到本世纪末达到小康水平，比现在要好得多。”

“如果实现了翻两番，那时会是个什么样的政治局面？我看真正的安定团结是肯定的。国家的力量真正是强大起来了，中国在国际上的影响也会大大不同了。所以要埋头苦干，艰苦奋斗。”

“翻两番还有个重要意义，这就是一个新的起点。再花30年到50年时间，就可以接近经济发达国家的水平。不是说制度，是说生产、生活水平。这是可能的，是可以看得见、摸得着的东西。要达到这个新的目标，离开对外开放政策不可能。现在我国的对外贸易额是 400 多亿美元吧？这么一点进出口，就能实现翻两番呀？我国年国民生产总值达到 1 万亿美元的时候，我们的产品怎么办？统统在国内销？什么都自己造？还不是要从外面买进来一批，自己的卖出去一批？所以说，没有对外开放政策这一着，翻两番困难，翻两番之后再前进更困难。外国人担心我们的开放政策会变，我说不会变。我说我们的奋斗目标，本世纪末这是一个阶段，还有第二个目标，要再花 30 年到 50 年达到，打慢一点，算 50 年吧，50 年离不开开放政策。因为现在任何国家要发达起来，闭关自守都不可能。我们吃过这个苦头，我们的老祖宗吃过这个苦头。”

“中华人民共和国建立以后，第一个五年计划时期是对外开放的，不过那时只能是对苏联东欧开放。以后关起门来，成就也有一些，总的说来没有多大发展。当然这有内外许多因素，包括我们的错误。历史经验教训说明，不开放不行。开放伤害不了我们。”

南方谈话在关键时刻拨正中国发展航向。邓小平的女儿邓榕当年陪同父亲视察南方，她后来回忆说：自从邓小平提出了“小康之家”的新概念之后，“小康”就成为他谈论最多的一个词。

在邓小平的设计中，小康是一个很朴实的理想，就是国家富足，人民生活幸福美好。这是他一生奋斗所追求的理想。

邓榕说，邓小平同志思考小康目标的根本出发点是来自社会主义的根本任务，是发展生产力的新思想。

带领人民逐步解决“温饱”、“小康”、“富裕”的问题，是“中国式的现代化”发展道路上的一个接着一个的目标。

邓小平的希望是，到 2000 年时中国的人均收入达到 800 美元。

他用一个 88 岁高龄的老年人的政治智慧点亮了一盏灯，这是他生命之中最后的一盏灯，也是他生命之中最光辉的一盏灯。

南方谈话已经成为中国人民逐梦小康的一份巨大的精神财富！

3. 继往开来中国梦

一个崭新的世纪已经开启了，中国迎来了国家发展的重要战略机遇期。

全面建设小康社会的奋斗目标，激励着走在民族伟大复兴道路上的每一位中国人。

经过中国几代人的努力，我国到 2000 年已胜利实现“三步走”的前两步战略，总体上步入小康社会。

通过实践，我们认识到小康社会也有一个发展和建设过程。小康社会既是发展战略，也是发展阶段。

面向 21 世纪，我们党又在总体小康的基础上提出，经过 20 年的努力，使我国达到全面小康的目标。

总体小康到全面小康的主要差别在于：

前者是低标准的小康，人均800～1000美元，属于世界中下等国家收入的水平，后者是较高标准的小康，人均3000美元，属于世界中上等国家的收入水平。

前者是偏重物质消费的小康，后者是经济、政治、文化比较全面发展的小康；前者是不均衡的小康，在城乡、地区和各阶层之间很不均衡，后者是比较均衡的小康。

从消费学的消费类型来说，总体小康是生存型消费，主要是衣食住的生活消费，而全面小康是发展型消费，包括教育、文化、医疗保险、旅游休闲、社会保障等消费。

全面建设小康社会的重点、难点在农村，尤其是偏僻落后的农村。

在我国这样一个有十几亿人口的大国，建设现代农业，发展农村经济，增加农民收入是一个艰难的历史任务。

为了实现这个转变，党的后几代领导人在不同时期为全面小康添加了更多的指标。

江泽民在建设物质文明和精神文明的基础上又提出建设政治文明，并且把这三大文明（物质文明、政治文明、精神文明）同三大建设（经济建设、政治建设、文化建设）联系起来，作为全面建设小康社会的科学内涵。

其中作为最重要的量化指标是，国内生产总值达到4万亿美元，人均达到3000美元；以信息化带动工业化，走新型工业化道路，实现社会主义工业化，那时城乡人口结构将发生根本性变化，传统的农业人口占多数的情况将成为过去，城乡差别日益缩小。

胡锦涛同志又从新世纪新阶段的发展全局出发，在总结新中国成立以来特别是改革开放以来的历史经验和吸收世界文明成果的基础上，创造性地提出了以人为本、全面协调可持续的科学发展观。

中国特色社会主义事业的总体布局从经济建设、政治建设、文化建设三位一体拓展为经济建设、政治建设、文化建设、社会建设四位一体，进而在党的十七大上提出了全面建设小康社会的新要求。

科学发展观的提出，解决了我国经济发展历程中，长期片面追求经济发展速度和量的增长，轻视质的提高的问题。

经济发展，必须坚持好字当头，实现又好又快发展。

其中的量化指标为，增强发展协调性，努力实现经济又好又快发展。转变发展方式取得重大进展，在优化结构、提高效益、降低消耗、保护环境的基础上，实现人均国内生产总值到2020年比2000年翻两番。

第二个目标是在2000年达到小康水平，到2030年达到中等发达国家水平；科技进步对经济增长的贡献率大幅上升，使我国进入创新型国家行列。

100年是漫长的也是短暂的。

我们这个民族，经过100多年的求索与奋斗，让世界重新认识了中国，中国也以新的面貌融入了世界。

百年跨越，中国人跨越的绝不仅仅是一个时间的节点，伴随着国家一起迈入21世纪的，是中华民族伟大复兴的梦想。

第五章

中国梦，怎实现

怎样实现中国梦？怎样实现人民的愿望？

首先是了解逐梦之道。习近平总书记说：实现中国梦必须走中国道路。这就是中国特色社会主义道路。实现中国梦必须弘扬中国精神。这就是以爱国主义为核心的民族精神，以改革创新为核心的时代精神。实现中国梦必须凝聚中国力量。这就是中国各族人民大团结的力量。

其次是掌握逐梦之术，即圆梦的方法、手段。那就是"五位一体"——坚持以经济建设为中心，加快政治体制改革，加强社会建设改善民生，提高文化自觉与自信，推进生态文明建设，尤其要注意"必须把生态文明建设的理念、原则、目标等深刻融入和全面贯穿到我国经济、政治、文化、社会建设的各方面和全过程"，最终要能够造福于人民。

说得再好，没有行动，梦永远是梦。所有美好的梦想，都需要行动来实现。

再宏伟的蓝图不落实，终究在纸上；再远大的理想不践行，就是空想。实干兴邦，空谈误国。要全面形成解放思想、实事求是的良好氛围，以实干创未来。

经过30多年经济起飞、社会转型，中国创造了成为世界第二大经济体的发展奇迹，但“发展起来以后的问题”也接踵而至，发展失衡、分配不公、环境污染、道德失范、贪污腐化等问题日益凸显。能不能突破发展瓶颈，避免陷入“中等收入陷阱”；能不能安全驶出改革深水区，开始社会主义现代化的新航程；能不能破解民生难题，让民众共享改革开放的发展成果……所有中国人都在期盼着。

一、逐梦之道

> 只要我们保持清醒头脑，增强忧患意识，坚定对中国特色社会主义的理论自信、道路自信、制度自信，把解放思想、实事求是、与时俱进、求真务实、埋头苦干贯穿到实现中国梦的全过程，不懈探索和把握中国特色社会主义规律，坚定不移沿着正确的中国道路奋勇前进，实现中华民族伟大复兴的中国梦就一定能实现。

道路连接过去和未来，是战略选择，是达到目标最基本的条件，决定一个国家和民族的命运。

没有正确的道路，再光明的前景，再美好的梦想，都是无法实现的。

习近平总书记用三个“必须”勾画了实现中国梦的具体路径：

实现中国梦必须走中国道路。

实现中国梦必须弘扬中国精神。

实现中国梦必须凝聚中国力量。

这是改革开放30多年伟大实践的深刻结论，是对新中国60多年持续探索的深刻总结，是对近代以来中华民族发展历程的深刻揭示，也是对中华民族悠久文明传承的深刻把握。

1. 实现中国梦必须走中国道路

中国道路就是中国特色社会主义道路。

这条道路来之不易，它是在改革开放30多年的伟大实践中走出来的，是在共和国60多年的持续探索中走出来的，是在170多年以来中国人民的浴血奋战中走出来的，是在对中华民族5000多年悠久文明的传承中走出来的。

中国特色社会主义道路有两个特点：

首先，中国特色社会主义道路是一条爱国主义、集体主义道路。正如习近平总书记说的，国家好，民族好，大家才会好。

其次，中国特色社会主义道路是一条和谐发展、和平发展的道路。习近平总书记说中国不仅是合作共赢的积极倡导者，更是合作共赢的切实践行者。

中华民族是具有非凡创造力的民族，我们创造了伟大的中华文明，我们也能够继续拓展和走好适合中国国情的发展道路。

全国各族人民一定要增强对中国特色社会主义的理论自信、道路自信、制度自信，坚定不移沿着正确的中国道路奋勇前进。

2. 实现中国梦必须弘扬中国精神

中国精神就是以爱国主义为核心的民族精神，以改革创新为核心的时代精神。

这种精神是凝心聚力的兴国之魂、强国之魄。爱国主义始终是把中华民族坚强团结在一起的精神力量，改革创新始终是鞭策我们在改革开放中与时俱进的精神力量。全国各族人民一定要弘扬伟大的民族精神和时代精神，不断增强团结一心的精神纽带、自强不息的精神动力，永远朝气蓬勃迈向未来。

以爱国主义为核心的民族精神，包括团结统一、爱好和平、勤劳勇敢、自强不息。它表现在三个方面：

一是对祖国的感情，对人民的热爱，对祖国文化的认同。正如列宁所说的，爱国主义是千百年积聚起来的一种对国家和民族的爱。

二是在国家主权完整遭到侵略的时候甘洒热血、保卫祖国的激情。

三是共向中国梦，共圆中国梦的热情。

民族精神的核心是爱国主义，这是中华民族的传统和瑰宝。

在国家生死存亡的关头，先人前辈的爱国精神惊天地而泣鬼神。当代中国，爱国主义同样可歌可泣。尤其在国家危难时刻，如华东水灾、SARS 横虐、粤北雪灾、汶川地震，中央领导亲临前线，坐镇指挥，全国上下众志成城，一方有难，八方支援，爱我家园、爱我中华的民族精神在危机灾难中筑成一道道钢铁长城。

以改革创新为核心的时代精神则主要体现在解放思想、开拓进取、攻坚克难、与时俱进。

这一点，广东体现得最为突出。像广东创造的“三来一补”、“四通一平”、“筑巢引凤”、“两头在外”、“外引内联”、“借船出海”、“以路养路”等等，都是解放思想、与时俱进的表现。

“时间就是金钱，效率就是生命”生于特区，“空谈误国，实干兴邦”发于特区，广东，在时代精神方面做出了突出的贡献。

中国精神还有一个重要的特点，就是“贵和持中”。

西方文化是太阳文化，粗犷、刚烈，甚至是偏激；中国文化是月亮文化，含蓄、阴柔、适度。

利玛窦研究中国文化几十年，他得出结论：中国文化是一个不侵略、不扩张的文化。

空谈是要误国的，实干才能兴邦。

中国精神、中国文化讲究的是温柔敦厚的中庸之道，沉潜着中性之美、中性智慧。

3. 实现中国梦必须凝聚中国力量

中国力量就是中国各族人民大团结的力量。

中国梦是民族的梦，也是每个中国人的梦。

只要我们紧密团结，万众一心，为实现共同梦想而奋斗，实现梦想的力量就无比强大，我们每个人为实现自己梦想的努力就拥有广阔的空间。

生活在我们伟大祖国和伟大时代的中国人民，共同享有人生出彩的机会，共同享有梦想成真的机会，共同享有同祖国和时代一起成长与进步的机会。

有梦想，有机会，有奋斗，一切美好的东西都能够创造出来。

全国各族人民一定要牢记使命，心往一处想，劲往一处使，用13亿人的智慧和力量汇集起不可战胜的磅礴力量。

凝聚中国各族人民大团结的力量，主要包括三个方面：

一是要依靠全体人民共同担当，共筑中国梦。

二是要造福人民，解决人民的现实问题，包括教育问题、医疗问题、住房问题、社保问题、环境问题等等。

三是建立公平、公开、公正的体制，使人人都有出彩的机会，有梦想成真的机会，有与时代和祖国共同进步的机会，实现机会均等。

凝聚中国力量还必须弘扬社会主义核心价值观，发挥党的坚强领导核心作用。

十八大将社会主义核心价值观概括为三个层面：国家层面是富强、民主、文明、和谐；社会层面是自由、平等、公正、法治；个人层面是爱国、敬业、诚信、友善。

弘扬社会主义核心价值观涉及三个重点群体，领导、民企、青少年。领导是重中之重，要发挥带头作用。

中国特色社会主义道路是一条前无古人、不能复制的道路。前途是光明的，道路是曲折的。实现中国梦不可能一帆风顺，关键在于增强定力。

只要我们保持清醒头脑，增强忧患意识，坚定对中国特色社会主义的理论自信、道路自信、制度自信，把解放思想、实事求是、与时俱进、求真务实、埋头苦干贯穿到实现中国梦的全过程，不懈探索和把握中国特色社会主义规律，坚定不移沿着正确的中国道路奋勇前进，实现中华民族伟大复兴的中国梦就一定能实现。

二、逐梦之术

经济建设、政治建设、文化建设、社会建设和生态建设“五位一体”，这是中国人民共筑中国梦的五个突破点。

党的十八大召开，中国迎来了一个关键的时刻。共和国新一代领导人，将开启中国政治、经济、文化、社会、生态文明建设的新局面。党的十八大决定了未来5~10年乃至30年的基本路线、方针和政策。

改革开放初期，我们党根据我国的具体实际，提出了进行社会主义物质文明建设和精神文明建设的思想。

党的十六大在“两个文明”建设取得丰硕成果的基础上，又根据我国改革和发展的新要求，提出社会主义物质文明、政治文明和精神文明协调发展的科学论断。

党的十七大适应国内外形势的新变化，顺应各族人民过上更好生活的新期待，把握经济社会发展趋势和规律，提出了经济建设、政治建设、文化建设、社会建设“四位一体”的基本目标和基本纲领。

党的十八大则把生态文明单列出来，形成了经济建设、政治建设、文化建设、社会建设和生态建设的“五位一体”，这是中国人民共筑中国梦的五个突破点。

十八届三中全会则指出，必须更加注重改革的系统性、整体性、协同性，加快发展社会主义市场经济、民主政治、先进文化、和谐社会、生态文明。

1. 以经济建设为中心

党的十八大报告有一个最大的亮点是“经济建设中心”。

报告说：以经济建设为中心是兴国之要，发展仍然是解决我国所有问题的关键，必须坚持发展是硬道理的战略思想，绝不能有丝毫动摇。

报告说：在当代中国，坚持“发展是硬道理”的本质要求就是要坚持科学发展。以科学发展为主题，以加快转变经济发展方式为主线，是关系我国发展全局的战略选择。

十八届三中全会指出，经济体制改革是全面深化改革的重点，核心问题是处理好政府和市场的关系，使市场在资源配置中起决定性作用和更好发挥政府作用。

中国是一个人口大国，一个发展中的大国，经济建设始终是重中之重，要坚持发展，坚持做大蛋糕。

但发展的立足点变了。我们强调的不再是过去的数字、数量，而要转到提高质量和效益上去。

经济发展的战略任务也有调整，着力激发各类市场主体发展的新活力，着力增强创新驱动的发展新动力，着力构建现代产业发展新体系，着力培育开放型的经济发展新优势。

经济要发展，更多的要依靠内需特别是消费需求的拉动，更多的要依靠现代服务业和战略性的新兴产业的带动。

要推动国家实现新的“四化”，即工业化、信息化、城镇化和农业现代化。

要实现上述目标，一是要全面深化经济体制改革，加快经济发展方式的转变；二是要实施创新驱动发展战略；三是要推进经济结构的战略性调整；四是推动城乡发展的一体化；五是全面提高开放型经济水平。

中国已是世界第二大经济体，中国未来经济的走向特别引人关注，中国必须要转变增长模式。

转变的出路在哪里？

就是要进行体制改革，否则贫富悬殊、分配不公、吏治腐败、恶劣的土地环境、扭曲的工业化、畸形的城市化、社会的冲突都会愈演愈烈，甚至演变为社会危机。

所谓体制改革，一是改“体”，改的是组织结构；二是改“制”，改的是规章制度。

我们在经济、政治、文化、社会、生态各个领域都要进行这样的改革。而中国特色社会主义发展的主轴——以经济建设为中心的基本路线仍然不会变，基本路线管 100 年。

2. 政治体制改革走在前

党的十八大报告中指出："改革开放以来，我们总结发展社会主义民主正反两方面经验，强调人民民主是社会主义的生命，坚持国家一切权力属于人民，不断推进政治体制改革，社会主义民主政治建设取得重大进展，成功开辟和坚持了中国特色社会主义政治发展道路，为实现最广泛的人民民主确立了正确方向。"

以往在谈到政治体制改革的时候，人们总是有一个误区，认为中国的经济建设的确搞得很好，但是政治体制改革却是拖后腿的。

十八大报告帮助大家走出了误区。回过头去看改革开放这 30 多年，取得了很大成就，而改革的步伐每迈出一步，实际上政治体制改革都是走在前面的。

改革开放初期要实行家庭联产承包责任制，首先就要解决当时的人民公社体制，这就是政治体制改革。十一届三中全会提出全党工作的重点和全国人民的注意力转移到社会主义现代化建设上来。

十二大有一个明确的规定，不要搞个人崇拜。彭真主持修订了"八二宪法"，提出中共领导人民去制订宪法和法律，中共领导人民遵守宪法和法律，中共自己也要在宪法和法律的范围之内活动，这也是政治体制改革。

再譬如社会主义商品经济的概念，广东省社科院早在 1962 年就提出来了。1984 年的时候，广东经济学界已经在讨论社会主义市场经济的问题。

这些事例都说明，经济体制改革的推进，必然是思想解放与政治体制改革走在前面。

党的十三大曾提出一个观点，就是不进行政治体制改革，经济体制改革不可能最终取得成功。

此后，我党的历次大会都是在建设社会主义政治文明、发展社会主义民主政治这个框架里，来谈政治体制改革，提法也非常谨慎。

十四大的提法是“必须按照民主化和法制化紧密结合的要求，积极推进政治体制改革”；

十五大的提法是“在坚持四项基本原则的前提下继续推进政治体制改革”；

十六大的提法是“必须在坚持四项基本原则的前提下，继续积极稳妥地推进政治体制改革”；

十七大的提法是“深化政治体制改革，必须坚持正确政治方向”；

十八大的提法是“坚持走中国特色社会主义政治发展道路和推进政治体制改革”。

以上均说明了中国的经济体制改革、政治体制改革是不断地进行，同时也说明政治体制改革在十八大以后要被提到一个更重要的位置。

十八大以后中国的政治体制改革一定会展开，但是这个展开是要积极稳妥地前进。

十八届三中全会进一步提出：“发展社会主义民主政

治”，“以保证人民当家作主为根本”。

用报告的话来说，就是要坚持走中国特色社会主义政治发展的道路，坚持中国特色社会主义基本政治制度，绝不照搬西方政治制度的模式。

有学者认为，在政治体制改革和经济体制改革中间，应该有一个社会体制改革。通过社会建设和社会体制改革，培育公民社会，壮大中产阶级，为政治体制改革准备文化、思想的基础以及各种各样必要的条件。

当前，改革比较稳妥而有效的方法就是，用党内的民主去推动社会的民主，用行政管理的改革来助推政治体制的改革，用社会体制的建设来推进政治体制的建设。

实际上，我们一路走来，就是这样做的。

3. 文化建设提升文化自觉和文化自信

文化引领时代风气之先，是最需要创新的领域。

文化资源与文化产业已成为推动人类社会发展的先进生产力代表，解放和发展文化生产力对缓解人与环境的矛盾，转变经济发展方式具有重要的引领与示范性意义。

在十八大的报告中，文化建设被放到了很重要的位置，报告关于文化建设的表述有三个亮点：

第一个是“建设社会主义文化强国”，这是重大的战略决策。

第二个是“必须走中国特色社会主义文化发展道路”，包括两个方向、两个方针、三个原则。

第三个是“树立高度的文化自觉和文化自信”。

十八届三中全会除了再次提出“建设社会主义文化强国”，还提出要“增强国家文化软实力”。

早在改革开放刚开始时，曾有海外人士撰文提醒，说中国面临的不仅仅是振兴中国经济的问题，更是要振兴中国文化的问题，它不仅仅是关系到中国经济改革开放能否成功的问题，也是关系到中共今后能否长期稳定执政的问题。

这十年来，我们在建设社会主义文化强国上，迈出了很大的步伐——坚持社会主义先进文化前进方向，坚持中国特色社会主义文化发展道路，坚持以人民为中心的工作导向。

要完善文化管理体制，建立健全现代文化市场体系，构建现代公共文化服务体系，提高文化开放水平。

要扎实推进社会主义文化强国建设：一是要加强社会主义核心价值体系建设；二是要全面提高公民道德素质；三是要丰富人民精神文化生活；四是要增强文化整体实力和竞争力。

这些都表明了今后文化建设要达到的深度与广度。

4. 社会建设改善民生

社会建设有九类，包括民生事业、社会事业、社会分配、城乡社区、社会组织、社会规范、社会管理、社会体制和社会结构。

很多学者都认为中国的社会建设应该分三个阶段：

第一个阶段主要是保障和改善民生事业、社会事业，来化解社会矛盾，解决社会问题。

第二个阶段是十八大以后，着力推进社会体制改革，来创新社会政策，完善社会管理。

第三个阶段就是本世纪中叶 2040 年前后，要形成与社会主义市场经济体制相适应的、与现代化经济结构相协调的现代化社会结构。

党的十六大给全面建设小康社会提了 10 个标准：人均 GDP 要达 3000 美元，城镇居民可支配收入是 1.8 万元，农村居民家庭人均纯收入 8000 元，恩格尔系数低于 40%，城镇人均居住面积是 30 平方米，城镇化率达到 50%，居民家庭计算机普及率 20%，大学生入学率 20%，每千人医生数 2.8 人，城镇居民最低生活保障率 95% 以上。有学者认为，我们在经济的指标上能够达到这些标准，但是在社会的层面上没有完成任务。

十八大提出“在改善民生和创新管理中加强社会建设”。

报告指出，加强社会建设是社会和谐、稳定的重要保证，必须从维护最广大人民根本利益的高度，加快健全基本公共服务体系，加强和创新社会管理，推动社会主义和谐社会的建设。

改善民生和社会建设连在一起，尤其是教育、分配、医疗、养老、居住五个方面，十八大提的口号是“学有所

老百姓口中的幸福就是：“学有所教，劳有所得，病有所医，老有所养，住有所居。”

教，劳有所得，病有所医，老有所养，住有所居”。

未来5到10年，在整个公共服务均等化领域，人民最关心的教育、医疗、养老、住房、分配等领域，都将会有比较大的动作。

像三中全会提出的那样，从维护最广大人民根本利益出发，加快社会事业改革，创新社会管理，提高社会治理水平，改进社会治理方式，解决最实际问题，让发展成果更多更公平惠及全体人民。

5. 生态文明建设铸造“美丽中国”

传统的“生态文明”概念，主要是指环境的生态。十八大之后，一个全新的“生态文明”概念出现在我们的生活中。

这是一个大的生态文明概念，它指的是政治的生态、经济的生态、社会的生态、文化的生态。

胡锦涛同志在“7·23”讲话中指出，必须把生态文明建设的理念、原则、目标等深刻融入和全面贯穿到我国经济、政治、文化、社会建设的各方面和全过程。

这是十八大提出“大力推进生态文明建设”背后的核心理念。

“生态文明”不仅仅是青山绿水，蓝天白云。

“美丽中国”不仅仅是人与自然的和谐。

“生态文明”指的是一种整体性的社会文明发展状态，在“生态文明”的新视域下，我们将关注经济生态、政治生态、文化生态、社会生态、自然生态，让一切人类的文明都将达到完整的和谐统一。

“美丽中国”，就是所有这些文明和谐统一的中国。

三、逐梦之行

“‘三个定位、两个率先’，是习近平总书记对广东的殷切期望，是十八大精神对广东要求的具体化，是广东今后工作的总目标。”广东省委书记胡春华带领全省干部群众吹响了起航的号角，并告诫广大党员干部：“再宏伟的蓝图不落实终究在纸上，再远大的理想不践行就是空想。实干兴邦，空谈误国。要在全省形成解放思想、实事求是的良好氛围，以实干创未来。”

一直是梦想之地的广东，在中国梦这一伟大的战略面前，肩负着重要的使命。

2012 年 12 月，中央新一届领导集体履新后，习近平总书记将离京考察的第一站选在了广东。

总书记殷殷期望广东：努力成为发展中国特色社会主义的排头兵、深化改革开放的先行地、探索科学发展的实验区，为率先全面建成小康社会、率先基本实现社会主义现代化而奋斗。总书记的话，给广东鼓足了“改革创新再出发”的士气。

中国梦的实现路径不是空谈，而是实干。

经济总量连续25年（截至2013年）位居全国第一的广东，又一次感受到春天的召唤。

面对资源环境约束、发展方式粗放、发展不平衡不协调等深层次矛盾和问题，广东又该如何领跑？

"'三个定位、两个率先'，是总书记对广东的殷切期望，是十八大精神对广东要求的具体化，是广东今后工作的总目标。"省委告诫广大党员干部：

再宏伟的蓝图不落实终究在纸上，再远大的理想不践行就是空想。实干兴邦，空谈误国。要在全省形成解放思想、实事求是的良好氛围，以实干创未来。

2013年，是《珠江三角洲地区改革发展规划纲要（2008—2020年）》"四年大发展"转入"九年大跨越"

的转折之年、起步之年。

到 2017 年，珠三角要在推进转型升级中加快发展，在率先全面建成小康社会中取得决定性成效。

基本建立完善的社会主义市场经济体制，科学发展的体制机制更加完善，经济发展方式取得显著进展，形成具有世界先进水平的科技创新能力，粤港澳合作和区域一体化达到更高水平，生态环境明显改善，社会软实力明显增强，人民生活水平全面提高。

既要“腾笼换鸟”，又要“凤凰涅槃”；既要升级，又要均衡；既要效率，也要公平。广东比的，已不只是 GDP 的表面数字，还有 GDP 的质量。

广东十分清醒：排头兵要比总量，更要比结构、比质量、比发展的协调性和可持续性，不打造好“升级版”，一旦丢掉转型升级排头兵的位次，广东再难领先。

广东还要进一步深入改革，首先是“伤筋动骨”的行政审批体制改革，力争到 2015 年，将广东建成全国行政审批项目最少、行政效率最高、行政成本最低和行政过程最透明的地区。

把对外开放和扩大内需很好地结合起来，深入推进重点领域和关键环节改革，扎实做好保障和改善民生工作，进一步开创广东发展新局面。

广东在用实干托举中国梦，这些动力，都来自广东各阶层人民对中国梦的殷切期盼。

今日广东，仍然要打造激动人心的“梦工厂”，要用自身的行动共同筑就中国梦。

1. 用理想信念提升中国梦

这是实现中国梦的一个基本前提。

我们这个国家，这个民族，现在非常需要理想信念。习近平总书记说，我们每个人都要有梦，要敢于有梦，勇于追梦，勤于圆梦，而且要把自己的梦和国家的梦、民族的梦结合起来。中国梦本身是一种理想，在建立新中国的过程中，众多革命前辈、革命烈士已给我们做出了典范；而在改革开放的过程中，作为排头兵的广东也有众多追求理想、实现梦想的感人实例。

抓住机遇共同筑梦

南岭村是深圳市龙岗区南湾街道的一个行政村，面积4.12平方公里，那里曾因为贫穷被戏称为“鸭屎围”，如今却摇身一变，成为响当当的“中国第一村”。2008年，南岭村净资产就达到13亿元，村民人均纯收入15万元，2012年，南岭村集体经济收入高达2.7亿元，上缴国家税收1.8亿元。

南岭村充分发挥基层党组织的战斗堡垒作用，以经济建设为中心，抓住发展机遇，坚定不移地带领群众走共同富裕道路，实现了南岭村的“四次飞跃”。

抓住改革开放的机遇，实现了第一次飞跃。1983年南岭村委会成立后，提出了“走集体主义道路，十年内使村民吃饱饭、有新房住、有钱花、健康长寿”的目标，开始内引外联，大力发展工业，1986 年建起了第一个工业区。至 1991 年底，集体分配已超过 1 万元，被广东省委、省政府授予“南粤农村十面红旗”和“文明单位”的光荣称号。

抓住邓小平南方讲话机遇，实现了第二次飞跃。1992 年初，党总支和村委会制订了新的发展经济规划，提出“用 5 年时间追赶‘亚洲四小龙’”的口号，先后投资 9000 多万元兴建了第二个工业区，共引进 8 家外资企业。稳定的厂房租金收入确保了经济的进一步发展。

抓住深圳市委宣传南岭村的机遇，实现了第三次飞跃。1997 年，中共中央宣传部确定南岭村为“全国精神文明创建活动示范点”，深圳市委市政府发出了向南岭村学习的号召。村党总支在一个多月时间里组织召开群众大会 10 次，查找不足，研究、落实改进措施，并提出“改善经济结构、加速全面发展”的新目标。先后投资 8000 多万元兴建了第三个工业区，吸引了日本和台湾、香港及内地的 10 家技术含量较高的企业前来落户。随着外来人口的不断增长，南岭村不失时机地发展商业、旅游业，建综合市场、水山公园和三星级的度假村酒店，增加了新的经济增长点。

抓住“两思”教育机遇，实现了第四次飞跃。2000 年 2 月 22 日，江泽民同志视察南岭村，发出了“致富思源、富而思进”的号召，成为指引南岭村迈向新世纪的巨大精神动力。村党总支经过充分的论证，提出实现“经济强村、科技新村、文化新村、花园新村、旅游新村、长寿新村”的“六村”目标。

2. 用发奋学习引领中国梦

这是实现中国梦的阶梯，也是实现我们个人梦的阶梯。

有统计数据显示，2012 年我国国民人均纸质图书阅读量为 4.39 本，韩国为 11 本，法国为 8.4 本，日本为 8.5 本，美国为 7 本，韩国、日本、法国基本上是我们的一倍。

虽然这几年中国特别是广东在进步，读书量在增多，但与发达国家还有很大的距离。对于其他国家的良好习惯，我们应该认真学习。

只有把读书作为一种生活的追求、一种习惯、一种生活的需要，这个民族才不被眼前的困难所吓倒，才能不断进步。

梦圆北大的寒门子弟

在清远市阳山县出生、长大的戴苏平，父母务农，家境清贫。戴苏平完成了 9 年义务教育后，戴苏平只能选择一所费用较低的中专学校。即便如此，家里的弟弟还是为之付出了小学辍学的代价。

在 19 岁中专毕业那年开始，戴苏平曾辗转阳山、连州、广州等地打工。打工之余，他通过自学考试同时报读了两门不同专业方向的大专课程，并利用一切空余时间埋头读书。经过一年多的奋斗，他获得了两个大专文凭，21岁那年回到县里当上一名中学数学教师。因为他平时爱写点文章，文笔不错，他又被阳山县文化广电新闻出版局看重而被调到了办公室做文职工作。

2011年，广东团省委推出被称为“圆梦计划”的“新生代农民工骨干培养发展计划”，要求每个地级以上市至少实施一个“圆梦100”项目，资助100名新生代农民工攻读继续教育专科、本科学位。戴苏平在报纸上看到消息，沉寂已久的大学梦被重新点燃。他马上报名参加入学考试，目标瞄准了北大的法学系本科课程。为了准备入学考试，他所有的业余时间都用来研读民法，把全国司法考试的北大教材、磁带等学习材料都买来反复听、反复读。每天刻苦用功，让他最终以全省总分第四的成绩，考上了北大网络远程教育的法学专业。

2012年，在广东团省委的推动和鼓励下，他抱着试试看的心态报考了乡镇公务员考试，结果顺利通过了考试，被阳山县岭背镇人民政府录用，成为了一名公务员。

3. 用提速转型夯实中国梦

这对广东而言是当务之急。

广东现在的主要问题是发展不平衡，珠三角地区2012年的人均GDP为13000美元，粤东为3900美元，粤西 4900 美元，最低的粤北只有 3800 美元。

当前对于广东来说，一方面要转型升级，另一方面要加快发展。

一是要制定完善区域发展总体规划，实现“三个一”：一核，就是珠三角核心区，定位为现代服务业和高端先进制造业；一带，就是沿海一线，定位为港口物流及临港工业；一环，就是东西北山区面向广西、湖南、江西、福建，定位为特色产业、生态农业及加工、旅游业。

二是要加大基础设施工程投资。“十二五”期间，广东将安排交通运输重点建设项目 189 项，总投资 2 万亿元，做到县县通高速。

三是打造广州南沙、深圳前海、珠海横琴等一批加快转型升级的重大平台，譬如南沙现在已经升级为国家的开发新区。

四是坚持走新型城镇化发展道路。中国将来拉动内需、转型升级的突破口在城镇化。

所谓新型城镇化就是集约发展、多元形态、三化同步、两手结合、以人为本。

集约发展，指的是人和自然可持续发展；

多元形态，就是大中小城市都要发展，以大城市为主，广东未来要建设四个城市群，珠三角是世界一流的大城市群，把澳门、香港连接起来，超过长三角，另外还要发展粤东城市群、粤西城市群、粤北城市群；

三化同步，就是工业化、城镇化、农业现代化；

两手结合，即把政府这只“看得见”的手和市场这只“看不见”的手结合起来；

以人为本，就是千方百计解决就业、公共服务、生存、环境等与人有关的问题，围绕这些来推进新型城市化。

梦想升级：从“三来一补”到科技兴镇

享誉中外的东莞石龙镇，按2007年的经济指标计算，每平方公里创造工业产值11.65亿元，信息产业占全镇GDP比重达80%以上。石龙镇从创业的第一天起就面临土地资源匮乏的困境——行政区域面积仅5.96平方公里，后来经过调整，也只有11.3平方公里，是东莞最小的镇。但这反而成为了石龙人转变经济社会发展观念的动力。在改革开放的潮流中，他们最早适应，并且抓住了商机。

利用临近深圳、香港的优势，十三届三中全会以前，石龙镇就已经开始通过引进外资，大力发展工业。政策更加开放以后，东莞利用旧祠堂、会堂、饭堂、仓库办企业，掀起了“三来一补”外贸形式的序幕。由于工业基础最好，交通最便利，石龙从东莞几个工业镇中脱颖而出，成为港资转移的第一站，吸引了大量“三来一补”业务。

一开始，石龙人主要从事的是服装业，这些港资服装企业虽然为石龙带来了丰厚的收入，但环境污染、资源消耗大、附加值低等问题也日益凸显。石龙人很快意识到问题，于是在80年代后期就先于其他镇，乃至先于全国提出了“科技兴镇”的战略。这一战略，深入到石龙企业家的骨髓里，也深入到政府工作的方方面面。1987—1991年，石龙经济持续高速增长，其中有56.6%是科技带来的，比起全省平均数高出一大截。随着日本京瓷光学公司、台湾唯冠科技、内地北大方正等一批知名高新技术企业进驻，石龙镇成功转型，发展为一个成熟的电子信息产业集群。

4. 用改革创新助推中国梦

改革创新是一个民族，也是广东转型升级的灵魂和不竭动力。

(1) 抓好行政审批标准化改革。

广东改革开放已30多年，所有审批流程不能再有“万里长征图”。

一个投资项目从立项到审批，要跑20个局（委、办）、53个处室（中心站），盖108个章，共需799个审批工作日，这种情况再也不能出现。

(2) 深化收入分配制度改革。

实现居民收入增长和经济发展同步，劳动报酬增长和劳动生产率提高同步；提高居民收入在国民收入分配中的比例，提高劳动报酬在初次分配中的比重。重中之重是扩大中等收入。一个国家、一个民族要靠中等收入这个群体来稳定，否则实现“中国梦”就是一句空话。

（3）实施创新驱动发展战略。

其一，抓好工业设计城建设，借鉴顺德北滘“集聚”、“批量”的发展思路。

所谓集聚，是提出一个创新要求，吸引一批精英，把各种技术聚合到一起。

所谓批量就是投资分成。大家谈好各自占的比例，按照收益承担风险，效率非常高。

其二，依靠企业。深圳创新90%是靠企业。2012年，华为一个企业的生产销售量就是2000多亿元，税收是150多亿元，相当于内地一个地级市的收入。

靠什么？主要靠创新。华为在全世界100多个国家有自己的分支机构、研发机构，内部实行末位淘汰制，竞争非常激烈，发展日新月异。

其三，鼓励个人创新，特别是年轻人要勇于创新，这是我们民族的希望所在。

高科技产业的梦工厂

2000年11月15日，中国知识产权局正式向国际公告了“IBit全数字音频功率放大器及其超大规模集成芯片”发明专利，这使日本同行大惊失色：怎么就被中国人抢占了先机？申请这一发明专利的，是一家成立于内蒙古茫茫大草原的民营企业，总经理闫文革称：“没有高交会就没有我们的今天。”

1991年5月，闫文革辞职下海，在内蒙古赤峰市注册了一家名为红山区索威电器有限公司的个体企业。他怀抱着一个梦想，就是把自己辛勤研究出来的科研成果“共点同轴技术”转化为产品。

索威的产品填补了我国在该领域的空白，成为了英国的天朗、开佛之后世界上第三家具有自主知识产权的同轴扬声器。随着公司的发展，闫文革希望找到一个更适合高科技企业发展的地方。他到了海南，整整奔波了一年也没能扎下根，又回到了内蒙古。

1999年7月，闫文革接到有关部门发来的关于参加深圳高交会的征询函。10月5日，索威在高交会馆B5馆精彩亮相，共点同轴扬声器发出了让“发烧友”们欲罢不能的震天音乐，媒体争相报道，20多家风险投资商伸出了橄榄枝。没多久，闫文革迫不及待地将公司搬到了深圳蛇口工业区。

在高交会的推进下，深圳创新产业群逐步成型。高交会宛如一根金线，串起技术、产品、资本、人才等要素，逐步织起深圳自主创新能力飞跃和高科技产业腾飞的梦想。被誉为“中国科技第一展”的高交会，是名副其实的“创新、创业、创富”的“梦工厂”，为中国成就了包括腾讯马化腾在内的一大批创新型创业家，成功地培育了一批拥有自主创新能力的高科技企业。2009年深圳市高新技术产品产值实现了创纪录的8507.81亿元，约占全国的六分之一，超过北京、上海居全国各城市首位。

5. 用诚实守信扮美中国梦

这是当前中国建设的一个根本问题、突出问题。

创造良好的市场经济环境、维护正常的市场秩序、培育诚实守信的市场道德，是实现中国梦的重要工作。欺行霸市、制假售假、商业贿赂扭曲市场机制、危害群众的生命财产安全、破坏公平竞争和正常交易秩序、阻碍市场经济健康发展，都是影响经济发展和社会稳定的“毒瘤”。

近年来，广东积极探索建设社会信用体系和市场监管体系，取得一定成效。

在社会信用体系方面，广东率先出台国内第一部地方性法规《广东省企业信用信息公开条例》，建成广东企业信用信息网，并初步实现了政府相关部门信用信息资源的整合共享。

深圳、广州、惠州、云浮等市在构建联合征信系统、完善企业信用信息体系、加快农村信用体系建设等方面做了大量扎实有效的探索。

在市场监管体系方面，制定了《广东省查处生产销售假冒伪劣商品违法行为条例》、《广东省查处无照经营违法行为条例》等一大批地方性法规。

大力开展行政审批制度改革，取消、调整和下放一大批行政审批事项。同时，在深圳、顺德等地开展了市场监管大部门体制改革试点，促进了市场监管体制和运行机制的优化。

广东将力争用五年时间基本建成与科学发展要求和市场经济取向相适应的社会信用和市场监管体系框架。

诚信助力梦想成真

东莞华辉电脑有限公司总经理罗铭华是东莞桥头镇人，家境殷实，但是在他念高中的时候，父亲病逝，生意因不景气而结业，家庭的经济支柱轰然倒下，就连家里的朋友也渐变疏远、冷漠。重振家业成为罗铭华奋斗的目标和努力的方向。

2000 年，完成大专学业之后，罗铭华回到东莞考入广东发展银行。但罗铭华对自己人生路的选择是要创业，而方向就是以大学课余时间自学的电脑组装维修技术，组建自己的电脑维修店。辞掉银行的工作后，罗铭华开设了华辉电脑经营部，一开始只有 3 名工作人员，其业务壮大依靠的就是“信誉第一”、“以诚取信”、“质量优先”、“亲力亲为”、“信守承诺”等理念。

有一次，罗铭华为客户提供了一批电脑主板，事后有客户在喝茶闲聊时提了一下说使用新主板的电脑开机速度慢了，罗铭华就马上安排员工上门检修，当查明了是新主板的问题影响了开机速度后，主动为所有使用该批主板的客户更换产品并亲自上门道歉。在罗铭华 13 年的创业路上，诚信经营是他最为人称道的优点，帮助电脑公司不断地取得新老客户和同行的信任，业务不断发展，从一家小小的电脑维修店迅速发展成为集电脑销售、配件耗材、网络工程、软件开发、维修服务于一体的技术型服务企业，也让他的企业连续10年获得“东莞市重合同守信用企业”、“广东省重合同守信用企业”等荣誉。

6. 用艰苦奋斗铸就中国梦

中国梦，说到底要靠奋斗，靠个人的奋斗，靠家庭的奋斗，靠国家的奋斗，这是一个传家宝。

温家宝总理曾经告诉我们，要记住两个算式，一个算式是除法，一个是乘法。

除法就是，现在8.3万亿的经济总量，除以13亿就是6000美元，总量排在世界第二位，人均却排70多位。

乘法就是，一个国家每个人浪费一度电、一滴水，乘以13亿也不得了。

因此，无论是以往的国家领导人，还是今天的习近平总书记，都反复告诉人民要保持艰苦奋斗的精神。

多劳多得的财富梦

凯达玩具厂，一家由香港凯达实业有限公司经营的企业，是改革开放后内地第一家港商独资企业，超过千人的企业规模撑起当年蛇口工业区的“半壁江山”。在凯达玩具厂打工的女工，被称作“凯达妹”，她们是中国第一代外来工，见证了蛇口从荒芜走向繁荣。

1981年，第一批进入凯达的打工妹，来自广东、福建各个地方，最小的十六七岁，多数是十八九岁。工厂包吃包住，打工妹一个月还有80元工资，比一般刚参加工作的人高出四倍。1982年4月，女工李惠莲忐忑不安地走进工厂的写字楼，询问会计是否发错了工资。上班的第一个月，她的工资比别人多了一百多块钱。会计说没有错，因为里面有很大一笔钱是超产奖。打工妹们才知道，原来这就叫“多劳多得”。

那时候的打工者，优越感无处不在。在大部分老百姓还买不起黑白电视机的时候，很多“凯达妹”工作一年就能买得起日本产的彩色电视机。“凯达妹”的自信，来自于劳动，她们凭借自己的努力，给蛇口带来了繁华，也改变了自己的命运，她们后来有的开了餐饮公司，有的当了银行经理，还有的成为金融投资商或者政府官员。从一无所有，到拥有财富和地位，“凯达妹”感受到自己是这片土地的主人翁。

第六章

中国梦，我的梦

“中国梦，我的梦”。

我们个人的梦想与国家的梦想水乳交融，个人的价值与国家的发展、民族的兴旺、时代的进步相得益彰。

中国梦是由无数小小的梦构成的，“我”就是那崇高中国“梦旋律”中的一枚音符，就是那美丽中国“梦工厂”里的一颗螺丝钉。无数个“我”的梦汇聚为国家的大梦，无数人的梦想、追求、激情燃烧为中国追梦、圆梦的岁月。

中国梦的实现，孕育在我们每一个人的身边。

一、人人寻梦

中国梦是实现中华民族的伟大复兴，它既显示了国家发展的战略目标和宏伟蓝图，也包含了每个中国人的梦。

习近平总书记强调，“中国梦归根到底是人民的梦，必须紧紧依靠人民来实现，必须不断为人民造福”。

这表明：中国梦的主体是人民，实现中国梦的根本目的和价值归宿是人民，是每一个中国人。

1. 中国梦源于个人梦

国家的强盛、民族的兴旺，都要以人民的权利得到保障、利益得到实现、幸福得到满足为条件和目标。

人民是由无数个体组成的，每个人的发展和命运既是社会发展和历史命运的映照，同时也汇成了社会发展的主流，构成了历史命运的基调。

中国梦必须与个人梦融合起来，统一起来，梦想才有生命，才有根基，才有力量。

中国人民是伟大的人民，在漫长的文明传承和历史发展进程中，依靠自己的勤劳、勇敢和智慧，建设美好家园，培育优秀文化，为人类社会作出巨大的贡献。

在全面建设小康社会进程中，人民期盼有更好的教育、更稳定的工作、更舒适的住房、更满意的工作、更优美的环境。

这不仅是个人的梦想，也是我们党和国家当前发展的重大责任，是实现人民幸福的根本愿望，是中国梦这棵参天大树成长的深厚土壤。

中国梦源于每个中国人的个人梦。让每个人拥有做梦的机会和权利，过上美好而幸福的生活，获得自由而全面的发展，才是国家富强的基础、民族振兴的希望。

正如习近平总书记说的那样，生活在我们伟大祖国和伟大时代的中国人民，共同享有人生出彩的机会，共同享有梦想成真的机会，共同享有同祖国和时代一起成长与进步的机会。

2. 个人梦助力中国梦

中国梦是亿万人民的梦，没有人民大众的共同参与、艰苦努力，任何梦想都不能实现。

国家的富强和振兴让我们有了实现“个人梦”的机会，而实现中国梦，则有赖于每个人在追逐梦想的过程中，最大限度地发挥自己的聪明才智和创造精神，需要每个人付出辛勤的劳动、做出不懈的努力。

新中国“站起来”，改革开放“富起来”，新世纪

“强起来”，让中国人民的梦想有了坚实的依托和广阔的空间。

吃饱穿暖、有车有房、健康长寿……个人梦想的日益丰富和逐步实现，让个人命运与国家命运更加紧密地联系在了一起。

中国梦是亿万人民的梦，没有人民大众的共同参与、艰苦努力，任何梦想都不能实现。

对于广大人民来说，个人梦想的实现，依赖于走共同富裕道路的中国特色社会主义，依赖于开放、文明、公平的社会环境。

对于国家而言，每个人为梦想奋斗拼搏的精神和行动，汇聚成无坚不摧的磅礴力量，推动着历经苦难而又生生不息的中华民族奔向梦想的彼岸。

中国梦，个人梦，不是两个截然不同的概念，而是一块硬币的“正反面”。

中国梦和人民梦是合二为一的，是互为基础的，人民是实现中国梦的主要创造者，也是最终的受益者。

中国梦，由一个个鲜活生动的个体梦想构成，“具体而微”的个人梦汇成了“宏大叙事”的国家梦。

二、浇筑梦想

一代又一代的中国人，以实际行动，在这块民族的土地上开启了自己的梦想，助推着三个世纪以来的中华“强国之梦”。

广东是一片造梦的热土，一片生长梦想的地方。

岭南文化是一个造梦的文化，孕育梦想的文化。

近代以来，岭南文化自觉吸收西方文化，将乡土、血缘、群体、大一统等传统观念与民主、自由、平等、博爱、包容、务实、竞争、开放、四海为家等近现代观念融为一体，形成了务实、求真、积极进取、兼容并蓄的岭南文化性格。

广东由此成为中华民族百年历史上最具开放精神和创造精神的革新之地。

一代又一代的中国人，以实际行动，在这块民族的土地上开启了自己的梦想，助推着三个世纪以来的中华“强国之梦”。

1. 百年广东，强国之梦

中国发展离不开世界，中国与世界的联系离不开广东。对外贸易是广东与世界联系的主要纽带。

广东古代对外贸易史，上溯秦汉，下迄清初，上下两千余年，纵横数万里，构成了中国古代对外贸易史的主体部分，在世界古代国际贸易史中占有重要的地位。通过海上丝绸之路，广东自古与外部世界联系在一起，并通过贸易和文化交流促进了广东及与其贸易的国家和地区的经济发展和社会进步。

打通自己的外部世界，建立自己与世界的联系，是广东古代先民的一个梦想。

秦汉以前，广东先民的足迹已遍布南太平洋沿岸及其他岛屿，把目光伸向了远洋。秦汉时期，官方性质的商业使团，已从广东沿岸出发，远至黄支国（今印度）进行贸易活动。

西汉，南越国与印度等半岛之内的海路已经开通。汉武帝灭南越之后，海上丝路兴起，徐闻古港成为汉代海上丝绸之路的始发港。

东汉，中国遣使到达罗马，广东对外交通，已横贯亚、非、欧三大洲。

从 3 世纪 30 年代（魏晋时期）起，广州取代徐闻成为海上丝绸之路的起点。

唐代，广东的对外交流，已西达印度、波斯，南及东南亚诸国，北通朝鲜、日本。居住在广州“蕃坊”的外国人达 10 万之众。

宋代，海上交通更为兴盛。中国的船队，已横越北印度洋，直航西亚和非洲海岸，与中南半岛、南海诸岛、大食诸国、西亚诸国的贸易比前代更红火，与高丽、日本的来往比前代更密切，通商的国家有 58 个。

从秦汉六朝到隋唐两宋，广州成为海上丝绸之路和中国对外贸易的第一大港。

明代，海上丝绸之路的航线已经遍及全球，广州成为中外文化交流最重要的门户。

清代，一口通商使广州成为中国唯一对外贸易的城市，给广东带来空前的繁荣。

上下两千年，纵横全世界，广东的对外交通、对外开放，历战火兵燹而不灭，任时光洗磨而不变。

一部古远的中国海上梦，不断闪现出广东之梦的鲜亮光彩。

自从 1840 年，帝国主义的大炮轰开古老中国的大门，中国近代的百年就是血与火，仇与辱，侵略、压迫与反抗、革命的百年。

这 100 多年的梦，就是抗争的梦，复兴的梦。

从鸦片战争到中国大革命，广东在近现代中国的强国梦中，一直扮演着特别重要的角色。

中国近代史的重大事件为两次鸦片战争、太平天国运动、洋务运动、中法战争、甲午中日战争、戊戌变法、义和团、八国联军侵华、辛亥革命等，几乎近半直接或间接发生在广东。

近现代革命史、发展史上，一系列重大历史，重要人物，重大变化，常常和广东的名字紧紧相连。

鸦片战争以后，中国被迫对外开放，广东成为中国近代工业兴起最早的地区之一：

中国第一家民族资本企业——陈启沅的南海继昌隆缫丝厂；

中国第一家民族资本火柴厂——卫省轩的佛山巧明火柴厂；

中国第一条侨资兴建的商办铁路——张煜南、张鸿南兄弟的潮汕铁路；

中国第一个电灯厂——黄秉常的广州电灯厂；

中国第一个橡胶厂——邓绍鹏的广东兄弟橡胶公司。

还有罐头厂、肥皂厂、机器修理厂……

中国的买办资产阶级、民族资产阶级和无产阶级都在这种条件下生成并向全国各地繁衍。

中国的阶级格局、社会格局被打破，尤其无产阶级的形成，为中国近代社会的演变，创造了良好的条件。

广东是近现代革命的策源地：

中国历史上最大的农民起义——太平天国运动，在广东策划。起义加速了清王朝封建制度的崩溃。

近代中国的民族民主革命在广东发源。从三元里抗英到辛亥革命推翻帝制、走向共和，广东成为中国资产阶级革命的重地。

广东是中国大革命的中心地。从国共合作、黄埔军校、北伐战争到广州起义，广东在现代新民主主义革命的史页中，留下英雄的篇章。

广东是近现代思想家、革命家的摇篮。从万木草堂到大元帅府，再到农民运动讲习所；从康有为、梁启超到孙中山、廖仲恺，再到毛泽东、周恩来，近现代的革命家、思想家都在这里留下了不灭的身影和声容。

2. 敢为人先，浇筑梦想

自古以来，广东人都以其敢为人先的创新意识，探索未来。1978 年，南粤大地吹响了改革开放的号角，迈开了探索中国特色社会主义道路的第一步。

广东观念先行，敢说敢做，在经济落后、交通不便、物资缺乏的广东，创造出了一个繁荣开放、世人惊叹的梦想世界。

（1）推开梦想之窗。

“十年浩劫”，使中国经济濒临崩溃，即使到 1979 年广东的情况比全国平均水平还要糟糕。

据统计，1979 年广东人均工农业总产值仅 523 元，全国是 636 元，广东足足低了 17.8%。

由于经济发展水平极低，当时广东面临着严重的社会问题——逃港现象愈演愈烈。

抓住历史机遇，珠三角发展迅速。

仅仅是1979年1—5月，全省就发生偷渡外逃11.9万多人。

历史是不是真的如一些人所说，广东人逃港促成了中央的改革开放政策，我们不得而知，但波澜壮阔的改变确实就从这个节点开始了。

1978年7月上旬，省委书记习仲勋到达广东后第一次外出到地市县考察，选择了逃港现象最严重的宝安县（现深圳市）。

宝安县流传着一首客家山歌：宝安只有三件宝，苍蝇、蚊子、沙井蚝。十屋九空逃香港，家里只剩老和小。

在一次座谈会上，福永公社凤凰大队支部书记文富祥大胆与习仲勋争辩起来。这位“根正苗红”的干部用大白话说出了普通百姓心里的真实感受：

“香港为什么比我们好？因为那边能从事多种职业，能当工人，这边世世代代只能做农民；那边什么都能买，这边东西少，还要证才能买；那边挣钱多，这边分配低……”

那个时候，深圳农民的年收入是134元，香港农民的年收入是13000港元。

习仲勋明白了，逃港的根本原因在于极端贫困，当务之急，还是要对外开放，发展生产，把经济搞上去。

1978年底，党的十一届三中全会之前，中央在北京召开历时36天的中央工作会议。

会议期间，习仲勋在发言中提到，希望中央能给广东更大的支持，多给地方处理问题的机动余地，允许广东吸收港澳华侨资金以及开展“三来一补”等。

1979年5月，国务院副总理谷牧带领中央工作组赴粤考察，习仲勋、杨尚昆等人向工作组提出了试办进出口特区等初步设想。

6月，广东省委即向党中央和国务院上报《关于发挥广东优越条件，扩大对外贸易，加快经济发展的报告》。不久，福建省委也提出类似报告。7月15日，中共中央、国务院批转广东和福建两个省委的报告，即后来对广东产生深远意义的中央“50号文件”。

中央指出：“对两省对外经济活动实行特殊政策和灵活措施，给地方以更多主动权。”

1980年8月26日，第五届全国人大常委会第15次会议通过了《广东省经济特区条例》，经济特区正式诞生。

广东，推开了一扇梦想的窗户！

（2）市场不再是梦。

1978年，广东率先进行价格闯关。广州人爱吃通菜。20世纪60年代，广州人都知道一道菜：无缝钢管炒肉丝。

“无缝钢管”就是硬邦邦的老通菜茎，有时里面还夹着蚂蟥。当时由于计划经济体制的影响，蔬菜供应紧张，市民没有菜吃。为了解决这个问题，只好一味扩大蔬菜的种植，从4万亩一下子扩大到20万亩。

农民应对不过来，就想办法——种增加产量的粗菜，要多少有多少，其中大部分是通菜。

粮食也不够，生产队和农民为了多吃粮，不断缩减菜地面积，菜地的水沟都种了稻子，在菜田中间也种杂粮、水稻，或者好田种粮，次田种菜。

1978年，时任广州市农委副主任的杨丰临危受命，到农委任蔬菜处处长、市蔬菜经销领导小组办公室主任。

7月，蔬菜经销领导小组开始搞试点，结果引起“轩然大波”，青菜价格一下上升了40%，广州一些工厂工人摔碗摔盘，领导干部们受到上级批评，都很着急，就让小组作出妥协，改为价格浮动上限20%，取消下限，杨丰还得天天向省委汇报蔬菜价格。

大概过了半个月，没出什么大事，广州的首次蔬菜购销改革才得以推行下去。市场上的蔬菜质量有所好转，价格比以前便宜了不少。

任仲夷接棒省委书记后，对蔬菜问题也出台很多政策，但由于没有改到根子上，蔬菜的价格没有开放，问题还是一直存在。

1981 年，蔬菜的品质和供应问题再度升级。当时全国几个大城市的情况都一样，一个保姆就可以把市委告倒，因为蔬菜实在太难吃了，在广州市场买到的通菜只能拿去喂鸡。

1984 年，蔬菜体制应该改革的呼声越来越大，甚至连中央也派人来调研。

当时的广州市委、市政府还是有点犹豫，因为当时武汉曾一度放开了蔬菜价格，没几天就由于菜价飞涨而匆匆叫停。但杨丰认为，广州蔬菜价格开放的条件已经比较成熟，一是实行了包产到户；二是广州人思想比较开放，群众承受能力比较强；三是广州有开放价格的经验；四是广州四季常青。市委终于下了决心，在七八月份的时候正式发了文件，计划在 12 月 1 日开放蔬菜价格。

当时市场的反应很是热烈。起初只是开放一些葱、蒜等小品种，后来逐步扩大到大宗品种甚至特供品种。不到 12 月，广州就全面开放了蔬菜价格。蔬菜问题终于得到解决。

率先进行的广州市蔬菜购销体制改革起了一定的示范作用，之后全国各大城市的蔬菜流通体制也放开了，广州的自由市场之梦在全国遍地开花。

正如武汉市一位负责人考察完广州蔬菜产销体制改革的进程和成效后所说的："广州市蔬菜产销体制改革的成功背后，蕴含着广州市决策者、生产者、经营者、消费者以及新闻工作者同心协力促改革的参与意识和拼搏精神，正是这股合力，使广州的蔬菜改革不断出新，不断完善。"

（3）建筑社会保障梦。

招商局下属的蛇口工业区作为我国第一个改革开放试验田，早在 1981 年初，便在全国率先成立社保基金。

由当时的蛇口劳动服务公司向工业区内的合资企业和外商投资企业征收一定费用，以用于以后员工的养老及其他医疗工伤保险。

1982 年 1 月，深圳经济特区开始在"三资"企业劳动合同制工人中推行养老保险制度，在中国内地率先探索"三资"企业工人社会养老保险制度。

1983 年 6 月，省政府批转劳动局《全省劳动工作会议纪要》，决定从 7 月起，在实行劳动合同制的同时开展合同制职工养老保险制度，揭开了全省社会保险制度改革的序幕。

1986 年，广东正式建立了合同制职工养老保险制度和待业保险制度。

广东职工社会养老保险自 1982 年起，就实行了以退休费用社会统筹为主要内容的一系列社会化改革，建立了由国家、企业、个人三方共同负担的社会养老保险基金制度，由全省各级社会保险管理机构负责统一筹集、支付离退休费用、管理保险基金，使职工养老由企业行为转变为社会行为。

随着经济社会的发展，社会养老保险的覆盖面不断扩大，从全民所有制、城镇集体所有制企业发展到外商投资企业、私营企业、乡镇企业，从固定职工、劳动合同制职工发展到临时工、个体劳动者。在1990年企业普遍面临经济困难时，各级社会保险机构采取积极的调剂措施，在当年少收1800多万元统筹金的情况下，多拨付离退休费1100多万元，保证离退休人员按规定的标准及时如数地领到了离退休金。

省、市两级社会保险机构还运用所掌握的5‰的统筹金，在地区之间调剂使用2189.14万元，帮助30多个支付统筹金有困难的市、县、区和一些特困企业渡过了难关。

1992年7月，省政府出台《广东省职工社会养老保险制度改革方案》，建立了全省统一的基本养老保险制度。广东社保所有的改革探索，都开了全国之先河。

（4）圆农民工入城梦。

“户口从广西钦州转来后，儿子顺利地转入了公办学校，和本地孩子享受同样的教育，这在以前连做梦都不敢想。”全国“积分入户”第一人中山外来工谢红芬如是说。

2010年初，谢红芬通过网络得知中山市正在开展积分入户和入学的政策，兴奋的她很快整理好积分入户的材料，递交给了石岐区流动人口管理办公室。接下来，谢红芬紧张地等待结果。

7 月初，积分入户公布排名，谢红芬 122 分，超出了石岐区积分入户分数线 117 分，成功取得入户中山的资格。拿到户口簿以后，谢红芬第一时间就打电话给老公报喜讯："儿子可以转入公办学校读书了。"

正如中山市积分制管理体系的设计者、广东省社科院研究员郑梓桢所说，中山积分制开全国先河，中山第一个通过积分制拿到户口本的人，也是全国第一人。对中国的户籍制度改革来说，第一个通过积分制入户拿到户口本是一个标志性的事件，这个拿到户口簿的人是这个事件中的标志性人物。

2009 年 12 月 16 日，中山市在全国率先推行流动人员积分制管理，流动人员凭借积分可入户、入学中山。中山实践流动人口积分制服务，消弭本地人和外来流动人员的身份隔阂，推进全民共享经济发展成果、基本公共服务和平等发展机遇，是一项创新务实的实践，也开了全国之先河。

长期以来，城乡之间、城际之间存在着严格的户籍壁垒。中山在改革开放后跻身广东"四小虎"之一，经济社会实现持续快速发展，全有赖于包括广大异地务工人员在内的新老中山人奋勇拼搏。

当前中山市异地务工人员已达 163 万人，占全市常住人口的 52%，具有典型的城市二元结构特征。

对于外来工来说，耗尽了青春在城市打拼、做贡献却不能在城市扎根，这成为制约“城市化”的主要瓶颈。

如何有效地破除社会群体之间的身份、地域壁垒，共建共享改革发展成果，是社会问题、政治问题、民生问题。

积分制正是解决异地人和本地人进一步有序融合的制度设计，为解决农民工子女入学和入户提供了一种可资借鉴的实现途径。

为了使这一政策更加具有普惠性，实施以来，中山一直对积分政策放宽门槛，陆续作出了几项调整：

消防志愿者参与志愿服务获积分入户；政策外生育的子女可申请积分入学；公司总部不在中山，但有异地社保证明的外来工，也可申请积分入户中山；等等。

2010 年、2011 年，中山市通过积分制办法，共有超万名流动人员入户（含随迁），另有 9210 名外来工子女入读公办学校。

让异地务工人员入户和享受教育等基本公共服务，不仅优化了城市人口结构，为中山发展留住了大量适用人才，而且促成了激励式的规范化管理，有利于强化公民意识，在新中山人中形成健康向上的导向。

通过积分入户的异地务工人员，有半数以上成为中山市的志愿者，积极参加各类社会公益活动，不仅争做优秀市民，更争当现代意义上的公民。随着积分制在全省逐渐推广，将有越来越多的外来工梦想成真。

（5）打造社会组织梦。

王雪明，广州市荔湾区萤火虫社会工作服务中心（以下简称“萤火虫”）的负责人。得益于广东省社会组织直接登记的改革，这个机构才拿到“身份证”，结束了十年“黑户”历史。

2001 年，一次广西梧州山区的旅行改变了王雪明。

漏雨的教室，衣衫褴褛的孩子令生在广州长在广州的他受到了很大刺激，并且萌生做公益项目去帮助这些孩子的念头。

回到广州，辞去优渥的工作，王雪明和几个朋友一心一意做起了公益。

当时他还没有预料到，公益之路这么漫长而曲折。

他想注册一个 NGO 组织，但是按照规定必须有个主管单位，有谁会愿意“主管”他们呢？

迫于现实，他凑了 10 万元在工商部门登记注册了一家公司——广州市通用互动数据中心。

这当然很别扭，以至于王雪明去申请基金会和企业资助时，对方怀疑他根本不是做社会服务的。

然而机会终于来了。2009 年年底，广州市社会组织培育基地作为社区服务中心的一项业务开始试运营，为草根社会组织提供办公场所和后勤服务，还给予财务托管支持。王雪明的萤火虫团队就这样进入了培育基地，占据了“一平方米”。

有了这一层保障，王雪明他们终于能够拉到赞助，去帮助山区里的孩子。捐书、探访、搞社区支持农业……萤火虫团队的步子越迈越大。

2012年1月1日，广州率先全国全面实行社会组织直接登记：除依据国家法律法规需前置行政审批外，公益性服务、社会服务类等社会组织可以直接向登记管理机关（民政部门）申请登记，无须再寻找主管部门当“靠山”。

社会组织培育基地指引萤火虫社会工作服务中心完成登记所需要走的程序，这一年的5月，王雪明与他的“广州市荔湾区萤火虫社会工作服务中心”成为广州第一批“转正”的草根组织。

2011年11月，广东省民政厅印发了《关于进一步深化社会组织登记改革助推社会组织发展的通知》，从2012年7月1日起，除特别规定、特殊领域外，将社会组织的业务主管单位改为业务指导单位，社会组织直接向民政部门申请成立。

随后，广东多个地方都陆续开放了社会组织登记，一直郁郁不得志的社会组织开始蓬勃发展起来。

社会组织的力量正在迅速成长，广东也加快速度张开双臂迎接社会组织的到来。这预示着传统大包大揽的政府职能未来会向“创新社会管理”方向转变。

以社区社会组织为例，从2010年年末，广州市就开始推行家庭综合服务中心试点，通过整合社区服务资源，以政府购买社会服务形式，引进社会组织承接社区综合服务，建立以社工为主导的跨专业团队，提供以家庭、长者为核心的各类专业服务。

社会组织有了合法的身份后，更能获得政府和社会资源的支持，他们提供的服务为街道、居委会减轻了很多负担。

如今广州市已有150个家庭综合服务中心开业，其中街道家庭综合服务中心已经覆盖全市所有街道。

三、梦想花开

越来越多的人正在中国这块充满梦想的土地上努力耕耘着自己的梦想，他们希望能够在国家社会的发展进步中，通过辛勤和汗水，实现自己的最高价值，让自己的梦想与中国梦共同成长，共同璀璨。

每个国家、每个民族都有自己的梦，不同的梦。

但从梦想到实现，都有一个共同的过程，那就是：奋斗。

实现梦想的路，有阳光，有乌云；有晴空，有黑夜；有曲曲折折，有风风雨雨；有痛苦的等待，有甜蜜的喜讯。

但我们都相信，所有的梦想都会开花，所有的梦想都能梦想成真。

梦想是什么？梦想其实就是我们改造世界、改变世界的雄心。

只有排山倒海的雄心，没有踏踏实实的劳动，梦想永远开不出鲜花，结不成硕果。

这就是“空谈误国，实干兴邦”的涵义。

要放飞梦想，需要勤奋，需要坚持。

心中有梦，努力去追。只有不懈地追逐，梦想的花期才能乘着花汛而来。

就是说，要实现梦想，就要踏踏实实的劳动。懒人只能梦饮黄粱，梦绕槐根。

这就叫信念。有了信念，一个国家的发展道路，一个民族成长的历程，一个人的人生旅途，就会被照亮。

幸福不会从天而降，梦想不会自动成真。

中国梦给每一个人创造了实现梦想的条件和空间。

越来越多的人正在中国这块梦想的土地上努力耕耘着自己的梦想，他们希望能够在国家社会的发展进步中，通过辛勤和汗水，实现自己的最高价值。

把人生的理想融入国家和民族的事业之中，让自己的梦想与中国梦共同成长，共同璀璨。

创业共富梦

肇庆市广宁县八一生态农场场长、创业党支部书记贾东亮 18 岁入伍，在 1998 年退伍复员时放弃稳定的工作机会，选择来到肇庆市广宁县南街镇黄盆村，承包了 502 亩荒山荒地，办起了家庭农场，为的就是实现儿时的田园梦。

贾东亮当年作出这样的选择，很多人都在问为什么。首长和战友们好言相劝，亲人不乏怨言。但他希望自己能够掌握人生的主动权，要用劳动来实现自己的人生价值。他的梦想，就是把荒山野岭变为美丽的田园风光。

从一名团职军官到当农民，不只是一个社会角色的转换，更是人生价值、人生坐标的重新定位。要想让荒山农场有出路，贾东亮不断琢磨着调整方向，坚持讲技术优先、质量取胜。他归纳自己发展农场的思路，就是坚持“人无我有、人有我优、人优我新、人新我变”，结合科学技术，改善产品质量和竞争能力，把农场传统的单纯种养改变为猪、沼、鱼、果的生态模式，一如珠三角常见的桑基鱼塘模式，以便高效利用生态资源，拉长生物链条，降低生产成本和提高经济效益。在2003年，贾东亮把自己的姓氏拆开，注册了“西贝牌”商标。2005年又注册了“东亮”牌商标，同时向国家申报了“绿色食品”标志，开始走向品牌战略。

在荒山耕耘十多年，贾东亮的八一生态农场收益逐年增加，规模不断壮大，形成了绿色食品、林木种苗、花卉盆景、龟鳖鱼蛙、山猪、山羊、山地鸡等一批优势产业。山上一片林，山腰一园果，园中一群鸡，山脚一口塘，平地菜花香，凭借这一幅如诗如画的景象，农场开发出旅游观光功能，而且承担起社会责任，成为了创业示范基地、农村党员培训基地、退伍军人教育基地和劳模科技创业示范基地，在农场里面，大家可以看到创业成果，听到创业故事，学到创业精神。

在贾东亮自己看来，复员后所走的这条自谋职业、自主创业的道路，虽然充满了艰辛困难，但是又充满了光明与理想，一切的起源，只是为了实现自己儿时的梦想。15年的创业历程，让他深深地体会到梦想能催人奋进。没有梦想，就没有未来；不能找到和坚持正确的道路，梦想不会成功；而没有努力奋斗托起梦想，没有不屈不挠的斗志和实干兴邦的精神，梦想也会成为空想。因此，只能以劳动筑梦，以实干圆梦。

科技创新梦

1983年出生的刘若鹏在9岁那年，和很多在改革开放初期随家庭“孔雀东南飞”的孩子一样，跟随父母从西安搬到了深圳落户定居，在深圳上了小学、初中和高中。在2002年，他从深圳中学获得保送到浙江大学竺可桢学院混合班。大学毕业后，他获得美国杜克大学的全额奖学金攻读电子与计算机工程系博士学位，几年后，他在超材料领域方面多年的学术积累终于开花成果。

2010年7月，刘若鹏和核心研发团队带着超材料技术项目，选择回到深圳创立光启高等理工研究院。之所以选择落户深圳，除了这里是刘若鹏成长之地，更主要的是深圳这片土壤上孕育的软环境，也就是改革开放30多年来逐渐形成了注重创新、注重引进先进技术和优秀人才、注重效率优先的大环境，而且深圳市政府从资金补贴、融资渠道、移民城市风气到行政工作效率，都成为了吸引人才和企业落户的法宝。

科技创新梦

光启研究院创立之初，刘若鹏和他的团队总共才 5 名核心成员，但全是从杜克大学获得博士学位的年轻中国科学家，平均年龄不超过 33 岁。研究团队决定以超材料为核心，同时融合电子信息、生物光子、数理统计等高新技术，从事尖端交叉科技研发。

刘若鹏的研究院并不仅仅局限在研究方面，而且在创新型机构乃至产业模式方面进行探索。研究院本身是民办机构，自负盈亏，但一直不愁资金和项目推广。一方面，研究院各种高新研究项目得到国家级、省级以及市级重点实验室的立项，政府从财政上拨款资助他们进行研究；另一方面，研究院如同一个创新型企业，各种创新研究成果足以吸引社会资本投资和风险投资机构的目光。“产、学、研”三位一体的定位，令光启研究院资金充裕，既能够在超材料产业方面掌握原创技术的话语权，又有能力集结全球相关领域的专家，成立一个规模可以万亿元计的超材料产业联盟。在基础研究和研究产业化两方面齐步前进。

这种模式短短两三年间就出现丰硕成果。光启研究院的研究领域涉及超材料、计算机、生物医学等多个交叉学科。在超材料基础研究发明方面，研究院的“脑库”平均以每周申请25项全球专利的速度迅速前行，截至2012年底已申请超过2000件专利，占了全球超材料技术领域专利申请量的80%以上，覆盖超材料领域大部分原创知识产权；在技术应用方面，一个“射频模块组”的应用可以在一个月内为研究院争取到超千万元的订单；研究院与华为、中兴、迈瑞等10多家企业单位成立“深圳超材料产业联盟”；主导在龙岗建设世界首条超材料研发中试生产线；同步进行超材料领域科技人才的培养工作。

从光启研究院起步，刘若鹏和他的队友们怀揣着不少梦想：想让光启成为中国的谷歌、甲骨文，成为世界前沿学科领域的领航人；想让光启抢占超材料研发与生产的制高点，凝聚全球创新人才，成为超材料学科人才培养的“黄埔军校”；想让中国更多地通过科技创新来实现经济发展，在提供全球就业机会的事情上做出努力和探索；想为国家探索出一种新型战略新兴产业的发展模式。而他们的共同目标，是从最基础的原创技术做起，在中国创造出使梦想变为现实的前沿性科技成果，而不再是跟踪式的发展。研究院以中国明代杰出科学家徐光启之名命名，深藏在这所有梦想里面的根源，就是一个科技强国的梦想，是要为中华民族的科技复兴而努力之梦，是要让这种前沿科技最终走入千家万户，改善人们的生活，成为社会文明进步又一个台阶之梦。

德育建设梦

刘海校长的家族先后有13位亲人从事教育工作，他1980年从大学数学专业毕业之后走上讲坛，教书育人。在茂名市电白县，他从一名公社中学的代课老师做起，在不到20年时间里，从中学教师做到校长，一步一个脚印，成为当时全县最年轻的校长。

2000年夏天，电白县发生高考考场的监考人员、教师和学生合伙利用80台传呼机传送答案、集体舞弊的重大案件，涉及数十名学生以及教师、学校领导还有电白县教育部门、宣传部、招生办、县委、县府等各级官员，电白县当年被广东省招生委员会取消作为各类教育考试考场的资格。面对如此严重的道德问题，电白县教育行政体系大洗牌后，痛下决心要重塑青少年的思想品德教育。在2001年，电白县中小学生社会实践基地选址茂名市电白县旦场镇松山成立，而刘海因为德育工作卓有成效，在2001年6月被委任为基地校长。

松山曾是该县的“五七”干校，后来办过职业中学，职中停办后就一直荒废。山头与世隔绝，买一张纸也要到5公里以外的小镇上，教学楼破落到只剩架子，只剩几间破旧房子。刘海当时也曾经考虑到自己的工作、家庭和生活，但他认为，德育教育对于刚经历过集体舞弊案的电白县和整个县的学生思想素质来说，都有着极其重大的意义，于是他接下了改造松山成为德育培养基地的任务，暂别了妻儿，离开了城镇便利的生活，带着抽调来当教官的7名退伍军人，来到松山干起了指挥官、校长兼水泥工、泥匠、木匠、建筑工人、花匠的活。

在缺人手、缺经费的情况下，刘海也曾遇到过很多困难。在基地初创期间，财力、物力、人力缺乏，妻子和父亲又相继在家中病倒，那段时间他曾想过辞职，但是他又一次次告诉自己，若放弃可能会内疚一辈子。依靠着艰苦实干、自力更生、亲力亲为、以身作则的训条，刘海率领教官团队，硬是在一片荒山中开拓出一个德育基地。

在基地创办12年以来，刘海运用自己的知识、人脉、教育创意和技巧，将各种资源衔接利用起来。茂名市的防震减灾教育馆、电白县革命历史纪念馆、电白县廉政文化教育馆、粤西民居、人防展厅、模拟法庭、无土栽培温室等场馆先后通过资金、人才引进或与有关部门共建等方式建立了起来。先后参加过德育基地培训的40万中小学生，在基地里面获得的各种生动有趣的德育教育，包括敬亲感恩之心、与人相处之道、刻苦耐劳的精神，都让学生们在最重要的人生观和价值观形成阶段，上了重要而宝贵的一课。

在家人的眼中，刘海全身心地投入社会实践基地的建设，总是很忙很累，从山上回家了也不愿歇息，平时一边说话一边手上还要写写画画，为基地的发展、创新而谋划着许许多多。同事们则还记得刘海经常说：“建好一个德育基地，就会少建一座监狱。思想道德建设是基地工作的重中之重。”而正是如此一个润物无声的德育基地，如此一位春风化雨的校长，让一代又一代的青少年树立起中国精神，传承着中国力量。

美丽中国梦

广东是一片神奇的热土，不仅能实现梦想，同时也在向外输出梦想家。改革开放 30 多年来，广东以其海纳百川的胸怀，吸引了成千上万的寻梦者，他们在这里寻找实现自我价值的机会；与此同时，广东的创新氛围、探索精神又深刻地影响着寻梦，使他们将圆梦的行动带到全国各地。

马卫东就是这样的一个寻梦者。1990 年，这个大学毕业后分配到电力系统工作的陕西青年，带着对未来的无限憧憬，告别家人来到了广东。在这个举目无亲的城市，他运用有限的英语水平，到了外企工作。由于工作勤恳、业绩显著，他很快就成了该外企在广州机构的负责人。“广东这片沃土使我们养成了不断学习、不断创新的探索精神。”1994 年，马卫东有了属于自己的企业。

许多人到了这一步，事业便戛然而止。马卫东说：在解决了自身基本生活需求以后，也希望能到新的领域去探索，以实现更大的社会价值和人生追求。在参观完有美国精神之称的黄石国家公园之后，2010年，马卫东也冒出了打造一个中国版的“黄石公园”的念头。在一系列比较、研究后，他发现了一个可以媲美黄石公园的地方，并初步给了她一个响亮的名字——昆仑国家公园。

昆仑国家公园位于青海，初步范围包括青海的海西、海北、海南州，面积近42万平方公里。这对马卫东是个极大的挑战。进入之初，马卫东和他的团队遭到了很多诘问。在这一过程中，马卫东不停地学习，学习如何用心对待每一个人，他说：“当真正了解到别人的价值，自我的价值才有机会实现。”马卫东告诉青海人，他要的就是环境，美丽的青海、原生态的地貌、灵动的高原动物。

马卫东认为，黄石国家公园是西方价值观的体现，是美国文化的标志，在一定程度也代表了美国的精神。昆仑与黄石一样厚重，他最大的梦想就是将昆仑国家公园建成中国人自己的精神家园，使其成为中国文化的一面旗帜，成为人与自然和谐共存的典范；形成以文化为魂，以生态为依托，以旅游业为龙头，以绿色发展为主旨的创新理念，使美丽中国落到实处。

这一设想也让他敲开了“黄石”的大门。在美国人眼中，黄石是独一无二的，是不会跟任何国家的任何公园合作，2011年10月，马卫东带着他的团队成功访问美国国家公园管理局和黄石国家公园，建立了有效的交流互动机制。

从 2010 年算起，马卫东和他的团队，围绕昆仑国家公园进行了一系列的概念、可行方案、商业模式的论证。2012 年，青海省政协副主席马志伟带到全国“两会”上的一份提案就是建设昆仑国家公园。马志伟说，昆仑国家公园可以对三个方面起到发展和带动的作用：一是解决中国原动力创新问题；二是解决西部开发的出路问题，庞大的产业链可以带动青海乃至西部经济结构调整，所以它可以起到一个示范区的作用；三是解决青海的可持续发展和长治久安问题。

马卫东在他的梦想之路上，迈出了坚实的步伐，2013 年 1 月，都兰昆仑公园景区投资公司组建成立，相关立项、国土手续正在办理之中。再用五到十年的时间，大约到 2020 年，一个全新的昆仑国家公园将全面展示在国人的眼前。

附录：

广东省居民对 “中国梦”
概念认知情况调查报告

一、项目概述

（一）项目背景

2012年十八大后，习近平总书记提出：实现中华民族伟大复兴，是中华民族近代以来最伟大的梦想。这个实现中华民族伟大复兴的“中国梦”，就是要实现国家富强、民族振兴、人民幸福。

为真实了解广东省居民对“中国梦”的认知现状，以便开展教育宣传工作，受中共广东省委宣传部委托，广东省省情调查研究中心展开此次专项调查。

（二）调查目的和问卷设计原则

本次调查目的是了解广东省居民对“中国梦”概念的基本认知，收集广东省居民对“中国梦”与个人梦想的关系的理解，同时汇总对实现“中国梦”的期盼、意见和建议。

本问卷设计的基本原则是：问题清晰明确，表述通俗易懂，难度题量适中，排列科学合理。

（三）调查方式

为多渠道地收集居民的意见，课题组于2013年5月9日至15日共采用了三种调查方式展开访问。

1. 电脑辅助电话访问（Computer Assisted Telephone Interviews，简称CATI，下同）。

CATI，是应用计算机系统，向自动生成或预置的电话号码拨号；然后由访问员读出计算机屏幕显示的问卷题目，通过电话询问调查对象，并直接将被访者的答案输入到电脑里，结束访问后直接导出数据。

本次CATI采用全省随机抽样，共调查了1620个有效样本，其中广州、深圳等九个珠三角城市各100个有效样本，广东省内其他12个城市各60个有效样本。

2. 腾讯大粤网网络调查（简称：大粤网访问）。

课题组在腾讯大粤网、腾讯网和腾讯迷你首页（2010版）开展网络调查。

截至调查结束，超过8000人参与本次网络调查，回收问卷4890份。

3. 特殊群体访问。

（1）岭南大讲坛现场访问（简称：大讲坛访问）。

岭南大讲坛是中共广东省委宣传部、广东省社会科学界联合会共同主办的社会公益论坛，目前已经成功举办了164期。其中5月11日举办的第164期的主题是“中国梦：实现中华民族复兴的伟大战略”，主讲人是中共广东省委宣传部讲师团团长、教授曾凡光。本期讲坛听众以中山大学等高校学生为主。

课题组在第164期岭南大讲坛现场共发放了250份问卷，现场回收了136份问卷。

（2）高铁爱心专区和贵宾区现场调查（简称：高铁访问）。

课题组在广州南站的高铁爱心专区与贵宾区现场共发放63份问卷，现场回收了59份。

（3）省情网电子邮件调查（简称：省情网访问）。

课题组通过电子邮件附件和短信的方式向各高校和研究所的工作人员和岭南大讲坛听众发出访问邀请，共发出620封邮件和10300条短信，共回收44份问卷。

（4）广东建设职业技术学院电子问卷访问（简称：广东建院访问）。

课题组向广东建设职业技术学院学生发放电子问卷，共发放201份问卷，回收201份问卷。

问卷回收情况见表1：

表1　本次调研问卷回收情况统计表

访问方式	发放问卷数量（份）	回收问卷数量（份）	有效问卷数量（份）
CATI	23364	1620	1620
大粤网访问	8000	4890	1474
大讲坛访问	250	136	117
高铁访问	63	59	14
省情网访问	10920	44	40
广东建院访问	201	201	198

二、调查主要结论

（一）调查方式

电访数据符合广东省人口统计分布规律，调查结果具有普遍性，能代表全省居民的态度；其他访问方式属于特定抽样，调查结果仅在抽样群体中具有代表性。

不同调查方式数据具体特征如下：

1. 随机电访：符合广东省人口统计分布规律，能代表全省居民的态度。

2. 网络调查：大粤网的受访者为年轻的网民群体，信息接收能力比较快。

3. 特殊群体调研：

① 大讲坛——以听过关于“中国梦”主题讲座的学生群体为主；

② 高铁——以上班族为主；

③ 省情网——文化程度相对较高且关心省情的专业技术人员、学生及企事业单位人员；

④ 广东建院——以该校大专生为主。

详细数据参见背景资料情况表（附表2）。

（二）筑梦：“中国梦”的认知现状

1. 居民对“中国梦”的认知程度还有待提高。经电访仅52.53%的居民听说过“中国梦”这个说法，其中51.36%的居民听说过习近平总书记提出的“中国梦”的宣传。居民对“中国梦”的理解也有待提升，仅49.00%的居民认为“中国梦”是指“国家富强、民族振兴、人民幸福”。

2. 提到“中国梦”接近半数人首先想到的是“安居乐业，有稳定的工作和生活”，另外有11.75%的居民首先联想到的是自己的梦想，11.15%的居民想到国家的发展，政治、经济、制度建设等，8.27%的居民想到某一具体的事件、活动或事物，还有超过19.72%的居民没有任何想法。

3. 居民对“中国梦”的宣传了解渠道主要是电视的新闻节目，不同调查渠道的数据都占到45%以上。大粤网调查结果显示：58.52%的居民是通过电视的新闻节目了解，35.03%的居民是通过网络了解。由此说明关于习近平总书记提出的“中国梦”的宣传渠道仍然过于单一和集中。

4. 对于“中国梦”，半数居民（50.19%）认为“是一种为了凝聚国民，增加国家向心力的价值观的宣传”；三分之一居民（32.84%）认为“这是一个理想境界，但实现起来是很困难的”。

5. 年龄因素和文化程度因素与“中国梦”认知程度相关性较大，且正相关，但城市因素的相关性较弱。

6. 网络调查和特殊群体调研的受访者对“中国梦”的认知程度远远高于随机电访的居民群体，对“中国梦”理解的正确程度略高于随机电访的居民群体。

（三）追梦：“中国梦”与个人梦想的关系

1. 近四成居民的个人梦想是希望过上轻松自在的生活。26.90%的居民梦想是物质追求方面，17.24%的居民梦想是国家政策与体制建设能更完善一些，仅8.65%的居民对自我提高有内在追求，另外值得注意的是还有

5.45%的居民没有梦想。

2. 大部分居民对个人梦想的实现途径态度较理性。全省随机电访数据显示：通过“个人努力与意志”能实现个人梦想的提及率为73.64%，与“国家政策”有关的提及率为42.41%，与“国家经济的发展”有关的提及率为34.44%。但不容忽视的是仍有部分群体认为个人梦想的实现与“机会和运气”有关，占到三成（30.93%）；与“有个‘好爹’（出身决定一切）”有关，占到一成的提及率（10.06%）。

3. 网民对个人梦想的实现看法显消极。大粤网数据显示45.73%的网民认为与“有个‘好爹’（出身决定一切）”相关。

4. 大部分居民认为个人梦想与“中国梦”相关相依。47.04%的居民认为个人梦想就是“中国梦”的一部分；29.88%的居民认为“中国梦”实现了，个人梦想也就实现了；7.96%的居民认为个人梦想就是“中国梦”；只有11.98%的居民认为个人梦想与“中国梦”没有什么关系。值得注意的是有10.80%的公务员认为“中国梦”与个人梦想没有关系。

（四）圆梦：“中国梦”的实现

1. 居民对于“中国梦”的实现看法比较乐观。全省随机电访数据显示：18.46%的居民认为一定能实现，70.93%的居民认为克服掉一些阻碍因素的情况下可以实现的。

2. 对“中国梦”的实现看法乐观程度与年龄大小成呈正比倾向，与文化程度高低呈反比倾向。

3. 全省随机电访数据显示：居民认为实现“中国梦”

的阻碍因素首指贪污腐败（66.14%）。另外法制不健全（10.70%）和社会严重不公（10.27%）也是其中原因。

三、调查结果详细分析

（一）筑梦："中国梦"的认知现状

1. 是否听说过"中国梦"。

从全省随机CATI的结果来看，52.53%的居民听说过；而从高铁调查的结果来看，85.71%的受访对象有听说过；其他方式调查结果也都有90%以上的受访对象听说过；广东建院的受访群体认知度达到100%（详见图1）。由此看来，城市人群信息接收快；高等院校及大专院校的专家、学者及学生等对这类信息相对更敏感。

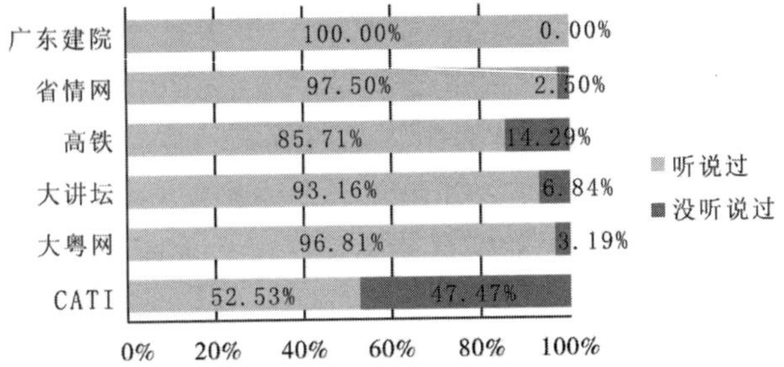

图1　各调查方式受访对象对"中国梦"的认知比例

从相关性分析来看，性别、年龄、文化程度、个人月收入与是否听说过"中国梦"这个说法呈显著相关性。

对性别、年龄、文化程度、个人月收入进一步交叉分析发现，男性听说过"中国梦"的多于女性；年龄在35岁以上的听说过的明显多于35岁以下的，并且年龄越大，听说的居民越多；文化程度高中及以上的超过半数有听说过，并且文化程度越高，听说的居民越多，硕士及以上学历的达到86.40%；个人月收入2万元以上的高收入人群听说过“中国梦”的相对更多，其次是月收入5001～8000元的。（详见图2－图5）

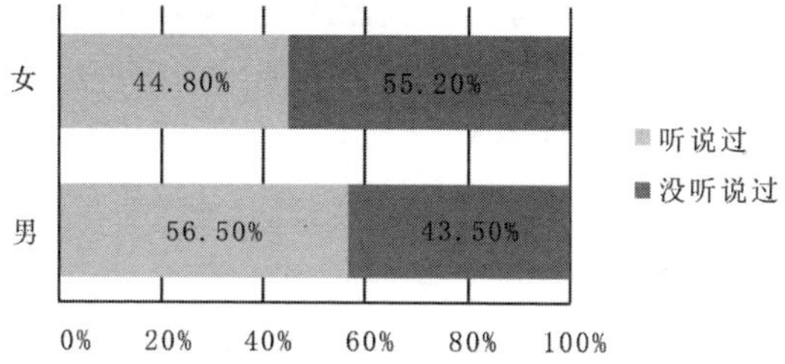

图2　不同性别受访者对“中国梦”的认知情况

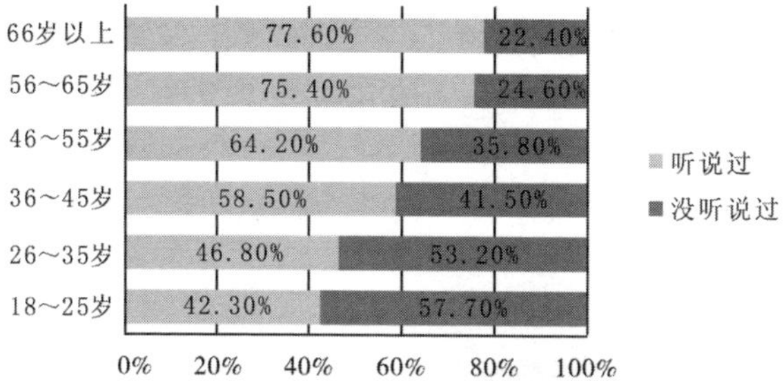

图3　不同年龄受访者对“中国梦”的认知比例

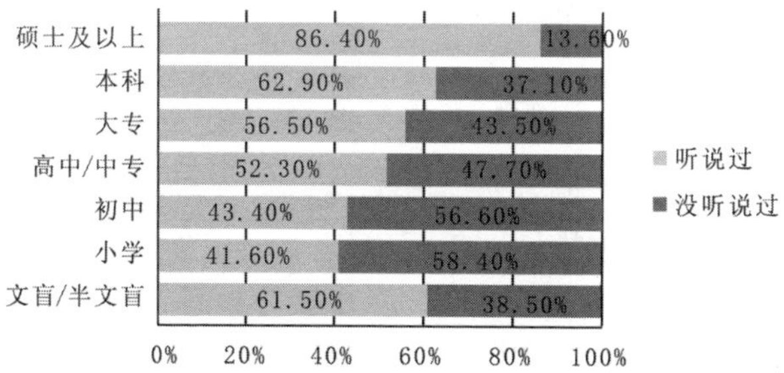

图4　不同文化程度受访者对“中国梦”的认知比例

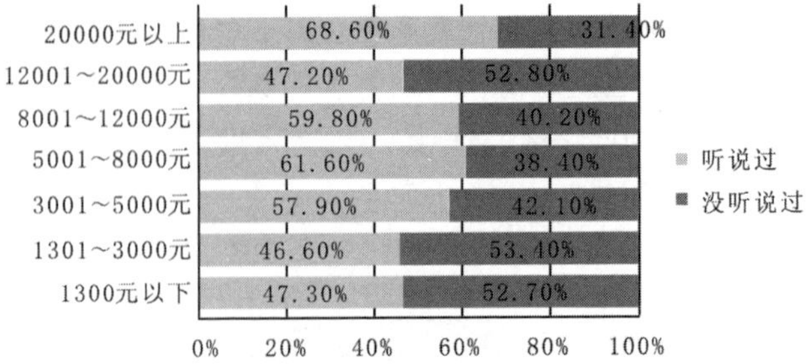

图5　不同个人月收入受访者对“中国梦”的认知比例

2. 提到“中国梦”首先会想到什么。

提到“中国梦”接近半数人首先想到的是“安居乐业，有稳定的工作和生活”，有11.75%的居民首先联想到的是自己的梦想，11.15%的居民“想到国家的发展，政治、经济、制度建设等”，8.27%“想到某一具体的事件、活动或事物”，还有19.72%的居民没有任何想法。（详见图6）

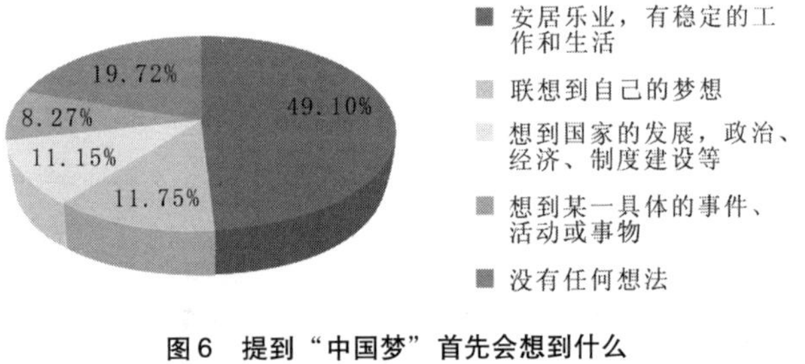

图6　提到“中国梦”首先会想到什么

对于提到“中国梦”首先想到“安居乐业，有稳定的工作和生活”的居民有97.07%想到“安居乐业，让大家都过得平平安安”，2.32%的居民想到“有稳定的工作”，其他居民联想到的是“美国梦、每年有一段时间旅游、和亲人在一起”等。

对于提到“中国梦”首先“联想到自己的梦想”的居民有98.47%想到自己的梦想，其他居民联想到的是“出人头地，自己创业”等。

对于提到“中国梦”首先“想到国家的发展，政治、经济、制度建设”等的居民有34.95%联想到中国的贪腐问题，19.89%的居民想到收复台湾、一个中国等爱国主义内容，10.75%的居民想到的是“房价低一些”，其他居民联想到的是中国未来的发展、中国的食品安全问题、中国的医疗保障制度、养老保障、教育普及情况、公平公正的司法制度等。

对于提到“中国梦”首先想到某一具体的事件、活动或事物的居民有60.14%想到奥运、足球、中国最强音等比赛，10.87%的居民想到国家、航天事业、长城、十八大、领导人、政府、军队等，9.42%的居民想到酒，5.07%的居民想到的是睡觉，4.35%的居民想到的是希望工程等慈善事业，其他居民联想到的是中国习俗、蓝天、股票上升、新闻、政治课、手机、书等信息。

3. 您所了解的“中国梦”。

对“中国梦”的理解准确程度并不高，全省随机CATI数据仅不到半数（49.00%）的居民理解准确，其他渠道数据相对高一些，最高的是省情网（76.92%）也不到八成（详见图7）。数据说明半数人对“中国梦”的理解仍有一定偏差，宣传方面仍有待提高。

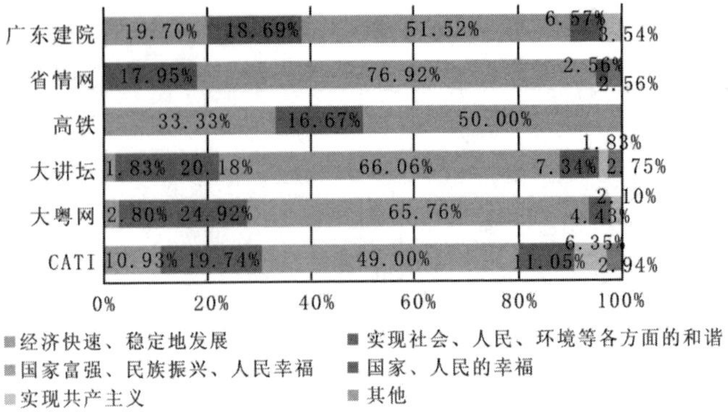

图7 各调查方式对“中国梦”的理解情况

从相关性分析来看，年龄与“您所了解的‘中国梦’是指什么”的选择呈显著相关性。

对年龄进一步交叉分析发现，年龄较大的居民群对“中国梦”的理解更为准确，其中准确率最高的为56～65岁（59.55%）年龄段，其次为46～55岁（52.80%）年龄段（详见图8）。

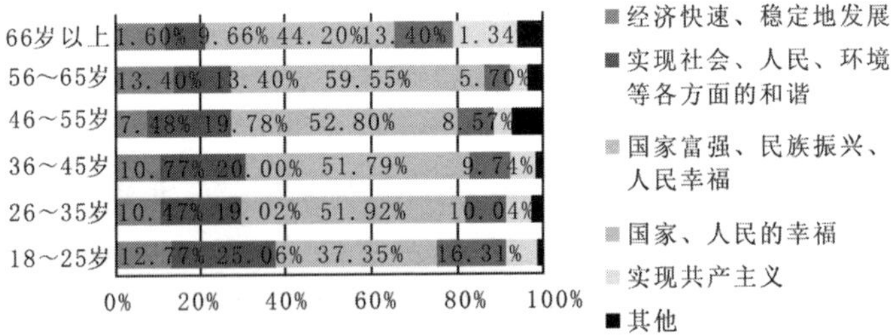

图8 不同年龄受访者对“中国梦”的理解情况

4. 习近平总书记提出的“中国梦”的宣传以前是否

听说过。

习近平总书记提出的“中国梦”的宣传，全省随机CATI数据有51.36%的居民以前听说过，其他渠道数据远远高出CATI数据（详见图9），说明城市中心城区的居民和经常上网的网民对习近平总书记提出的“中国梦”更加关注一些。

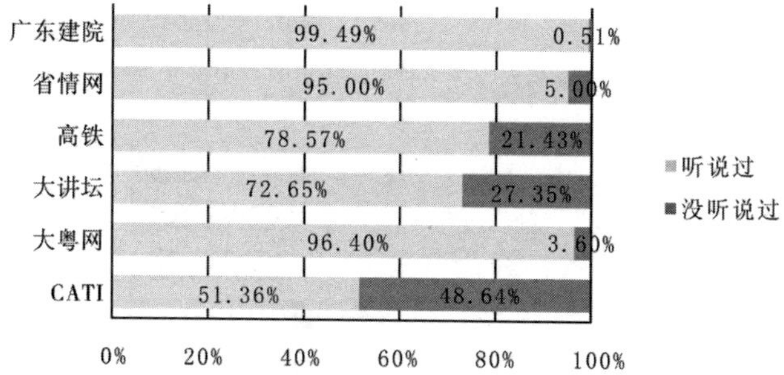

图9　受访者对习近平总书记提出的“中国梦”的认知情况

从相关性分析来看，年龄、文化程度、个人月收入与以前是否听说过习近平总书记提出的“中国梦”的宣传呈显著相关性。

对年龄、文化程度、个人月收入进一步交叉分析发现，年龄越大，听说过习近平总书记提出的“中国梦”的居民越多；文化程度大专及以上的超过60%的居民有听说过，并且文化程度越高，听说的居民越多，而大专以下文化程度的只有不到半数人听说过；从个人月收入来看，收入越高对习近平总书记提出的“中国梦”越了解，说明收入越高的居民对国家政策方面越关心。（详见图10－图12）

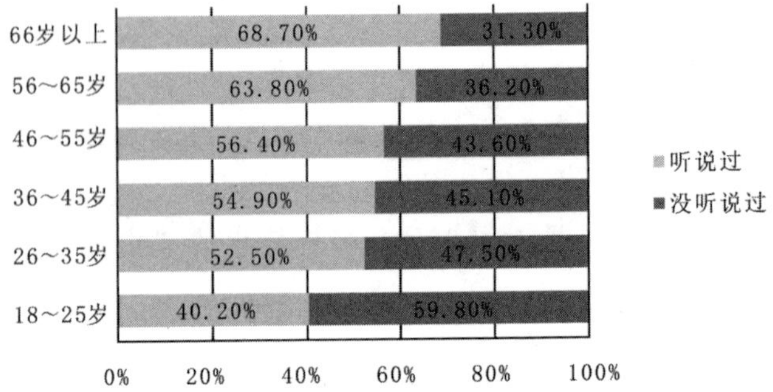

图10 不同年龄受访者对习近平总书记提出的“中国梦”的认知情况

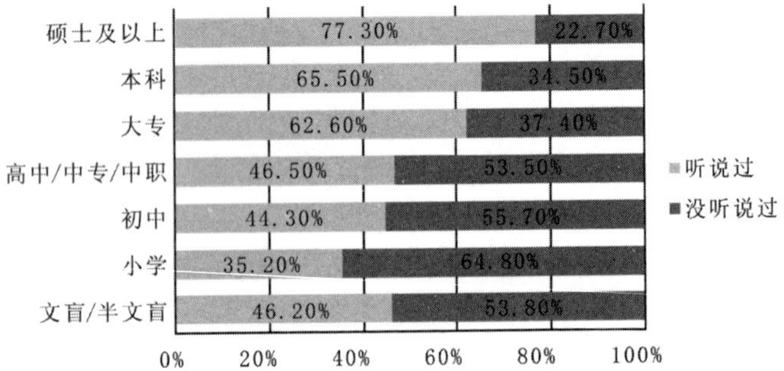

图11 不同文化程度对习近平总书记提出的“中国梦”的认知情况

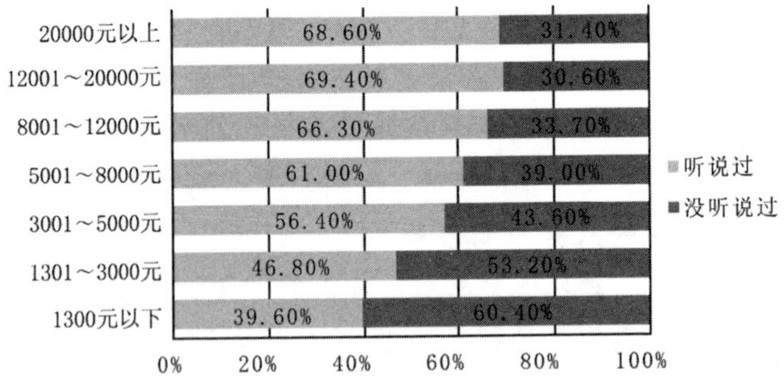

图12 不同个人月收入受访者对习近平总书记提出的“中国梦”的认知情况

5. 最早在哪里听到关于习近平总书记“中国梦”的宣传。

目前了解关于习近平总书记提出的“中国梦”主要渠道是电视的新闻节目，不同调查渠道的数据都占到45%以上。大粤网调查结果显示：58.52%的居民是通过电视的新闻节目了解，35.03%的居民是通过网络了解（详见图13）。由此说明关于习近平总书记提出的“中国梦”的宣传渠道仍然过于单一和集中。

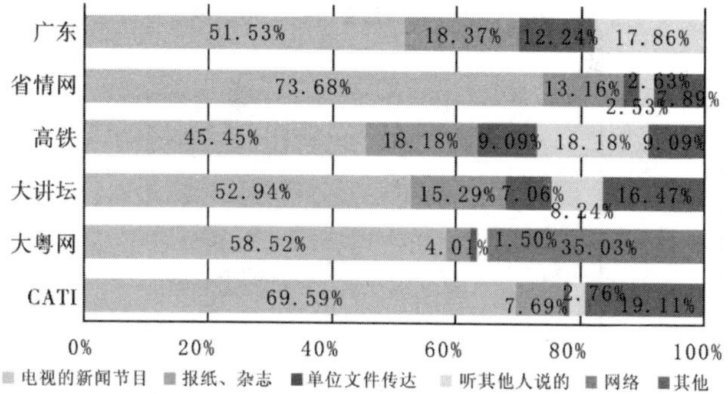

图13　最早在哪里听到关于习近平总书记提出的“中国梦”

从相关性分析来看，年龄、文化程度、个人月收入与“您最早是从哪里听到关于习近平总书记‘中国梦’的宣传”的选择呈显著相关性。

对年龄、文化程度、个人月收入进一步交叉分析发现，年龄越大，通过电视新闻节目了解“中国梦”宣传的居民越多；文化程度硕士及以上和大专学历的居民通过电视新闻节目了解“中国梦”宣传的相对更多；个人月收入2万元以上的高收入人群和月收入5001～8000元的白领人群通过电视新闻节目了解“中国梦”宣传的相对

更多。（详见图 14 – 图 16）

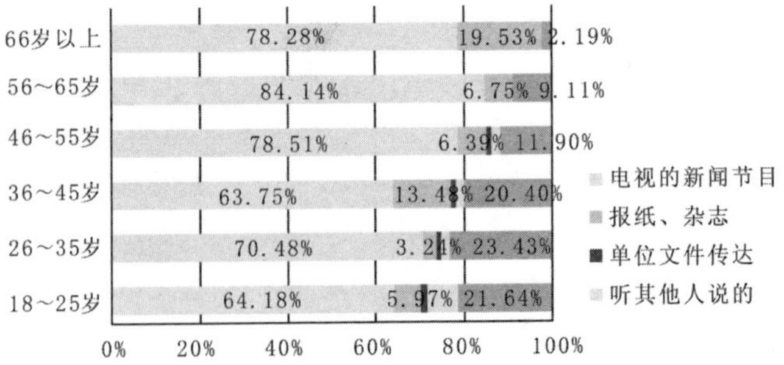

图 14　不同年龄受访者最早听说“中国梦”的渠道

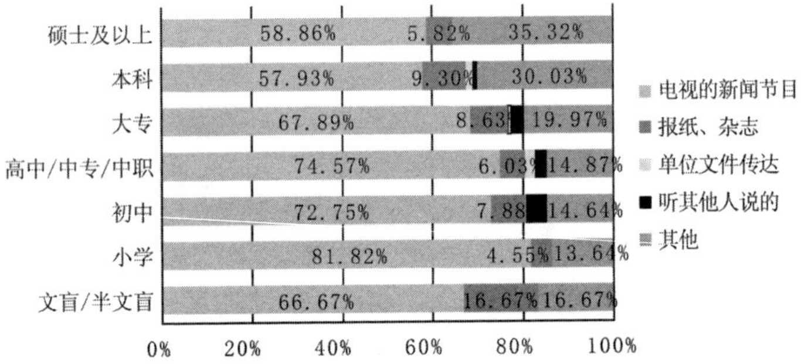

图 15　不同文化程度受访者最早听说“中国梦”的渠道

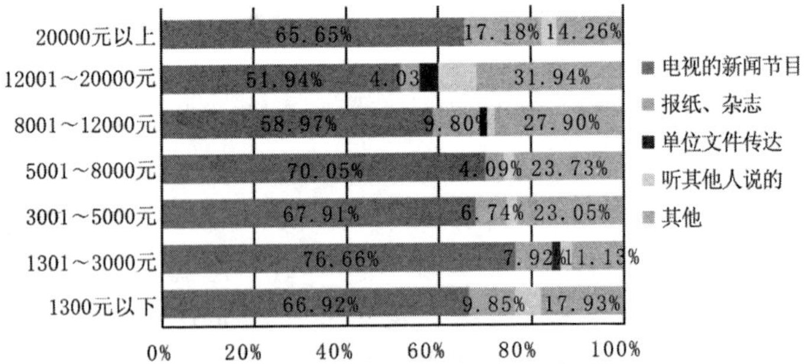

图 16　不同个人月收入受访者最早听说“中国梦”的渠道

6. 关于“中国梦”的个人看法。

对于“中国梦”全省超过半数人认为是一种为了凝聚国民，增加国家向心力的价值观的宣传；特定小范围人群对这一看法的认同率更高，如高铁访问数据达到92.86%；而大粤网的网民则只有53.75%对这一种看法表示认同。(详见图17)

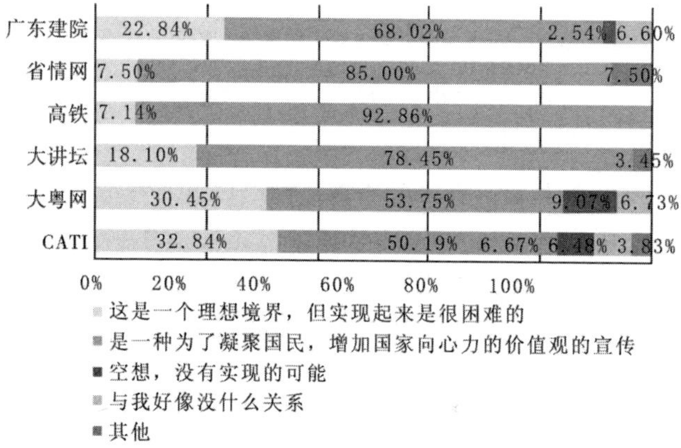

图17 关于“中国梦”的个人看法

对年龄进一步交叉分析发现，年龄在36～45岁的居民对“中国梦”更能理解、看法更积极一些，其次是18～25岁和46～55岁的居民。(详见图18)

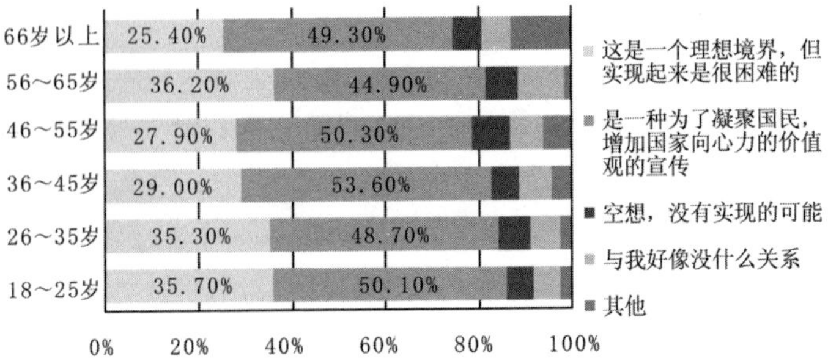

图18　不同年龄受访者对“中国梦”的个人看法

（二）追梦：“中国梦”与个人梦想的关系

7. 您的梦想。

关于个人工作生活的梦想，接近四成居民希望过上轻松自在的生活，26.90%的居民梦想是物质追求，17.24%的居民希望国家政策与体制建设能更完善一些，仅8.65%的居民对自我提高有内在追求，另外值得注意的是还有5.45%的居民没有梦想。（详见图19）

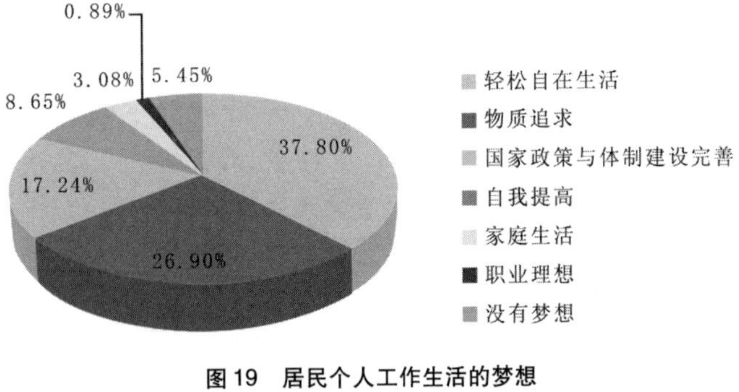

图19　居民个人工作生活的梦想

在个人梦想为“轻松自在生活”的居民中，有94.98%的居民希望“有稳定的工作，家庭平安、健康、快乐、和睦”，其他居民的梦想为“旅游”、“做自己喜欢的事情”、“睡到自然醒”、“移民国外”等。

在个人梦想为“物质追求”的居民中，70.48%的居民希望能提高收入，15.20%的居民梦想是买房买车，13.00%的居民梦想是过上小康生活。

在个人梦想为“国家政策与体制建设完善”的居民中，55.67%居民的梦想是国家快速稳定发展，20.96%居民的梦想是中国体制和政策能更加完善，14.78%的居民希望房价、物价能降低，其他居民的梦想为“有好的社会保障及福利制度”、“食品能安全健康”等。

在个人梦想为“自我提高”的居民中，56.85%的居民希望“事业有成、工作出色”，其他居民的梦想为“创业”、“提高自己的能力”、“做一些自己做不到的事情”、“考上大学”、“考取职称”等。

在个人梦想为“家庭生活”的居民中，73.08%的居民希望“孩子长大有出息”，26.92%的居民梦想是“找女朋友、娶妻生子”。

在个人梦想为“职业理想”的居民中，提到最多的职业是歌手，其次为老师和医生，厨师、设计师、总统、警察、军人、文学家、艺术家等职业都曾被提及。

8. 实现个人梦想最重要的条件。

在实现个人梦想最重要的条件选择上，广东省居民的态度比较乐观。据全省随机CATI数据，73.64%认为需要通过个人努力与意志，选择“出身决定一切”的仅占

10.06%，其他三项选择的比例差不多；而大讲坛访问和省情网访问的数据显现更为乐观，80%以上都选择了“个人努力与意志”；大粤网网民的态度相对悲观一些，仅47.63%选择“个人努力与意志”，并且有45.73%选择“出身决定一切”。（详见图20）

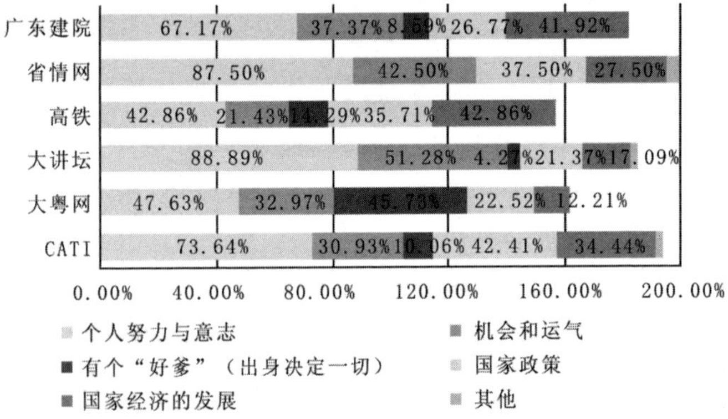

图20　实现个人梦想最重要的条件

从相关性分析来看，性别、年龄、户籍、文化程度与“您觉得以下哪个是实现个人梦想最重要的两个条件”的选择呈显著相关性。

对性别、年龄、户籍、文化程度进一步交叉分析发现，男性和女性对于实现个人梦想的条件选择上大部分都认为“个人努力与意志”是最重要的条件，不过除此之外女性更看重“机会和运气”，而男性更看重“国家政策”；对于个人梦想的实现条件，年轻人偏向于“个人努力与意志”和“机会和运气”，老年人则偏向于“国家政策”和“国家经济的发展”；从户籍属性来看总体差别并不大，但常住人口比起户籍人口和暂住人口选择“出身决定一切”的更多；从学历上看，中等学历的居民对个人梦想的实现更为乐观，而硕士及以上学历选择“出身决定一切”的最多，表现较为悲观。(详见图21－图24)

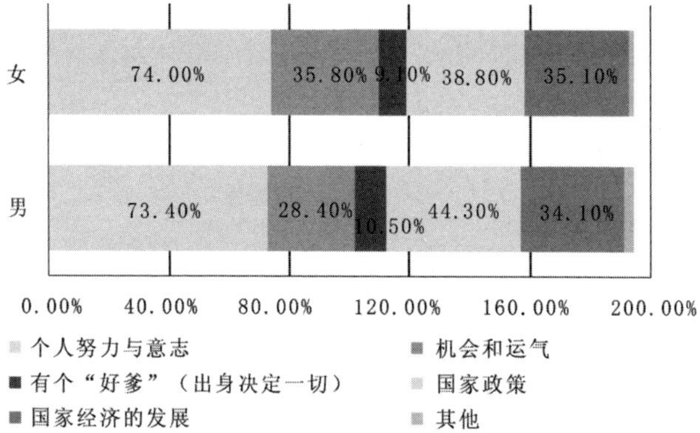

图21　不同性别受访者认为实现个人梦想最重要的条件

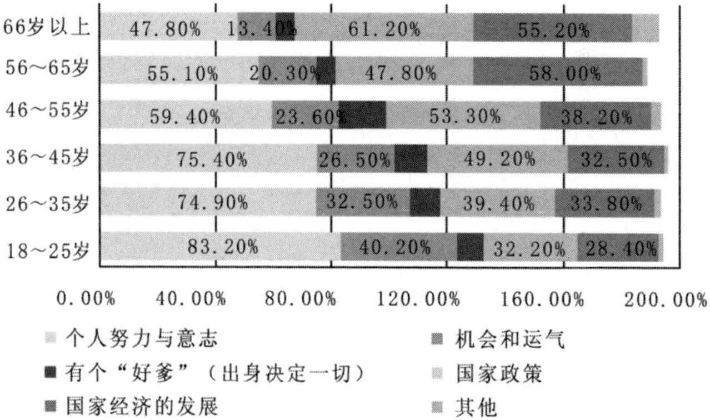

图22　不同年龄受访者认为实现个人梦想最重要的条件

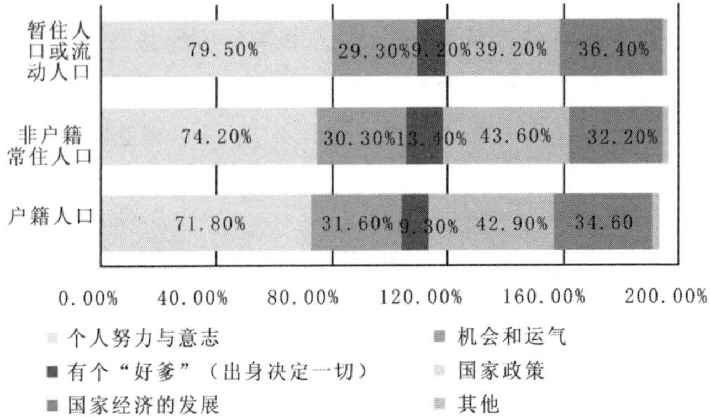

图 23　不同户籍状况受访者认为实现个人梦想最重要的条件

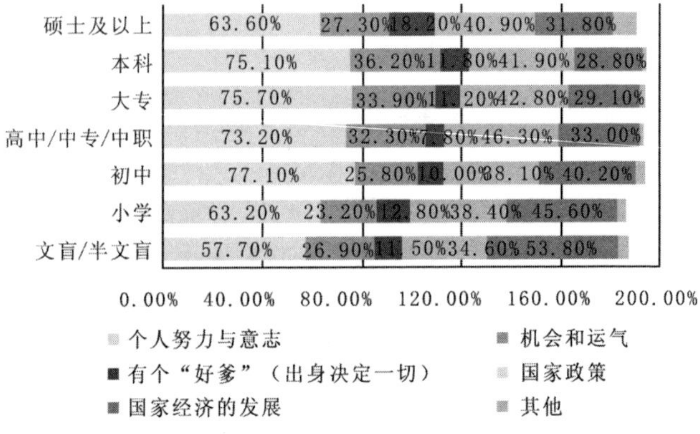

图 24　不同文化程度受访者认为实现个人梦想最重要的条件

9．“中国梦”与个人梦想之间的关系。

对于“中国梦”与个人梦想之间的关系绝大部分人是协调统一的，但也仍有小部分人认为两者没有什么关系。全省随机 CATI 数据显示 11.98% 的居民认为两者之

间没有关系；而大粤网的网民对此更为消极，22.37%认为没有关系。(详见图25)

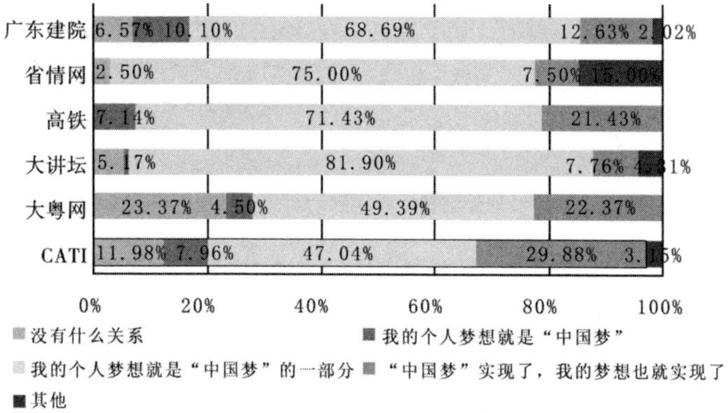

图25 “中国梦”与个人梦想之间的关系

从相关性分析来看，性别、年龄、职业与“对于‘中国梦’与个人梦想之间的关系，您认为以下哪种描述更为恰当”的选择呈显著相关性。

对性别、年龄、职业进一步交叉分析发现，女性比男性更能将“中国梦”与个人梦想协调统一起来；老年群体比年轻群体更能将“中国梦”与个人梦想协调统一起来；离退休群体和学生群体更能将“中国梦”与个人梦想协调统一起来，另外值得注意的是10.80%的公务员认为“中国梦”与个人梦想没有关系。(详见图26－图28)

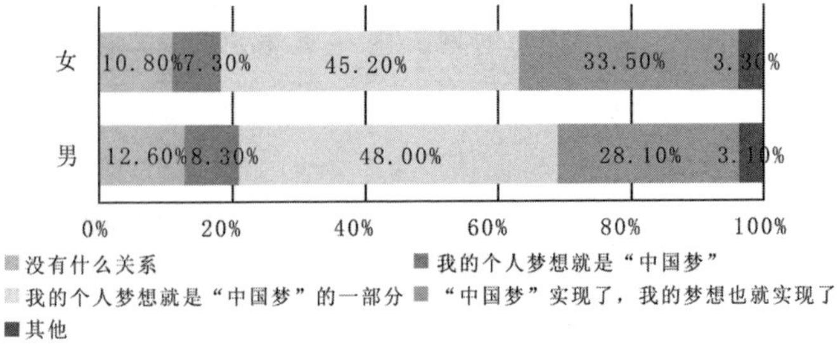

图 26　不同性别受访者“中国梦”与个人梦想之间的关系

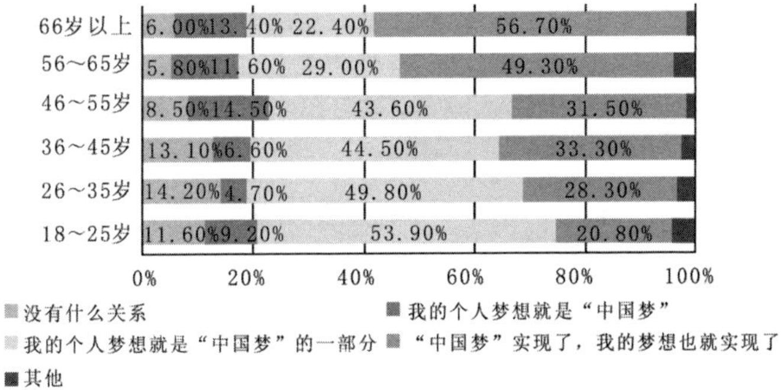

图 27　不同年龄受访者“中国梦”与个人梦想之间的关系

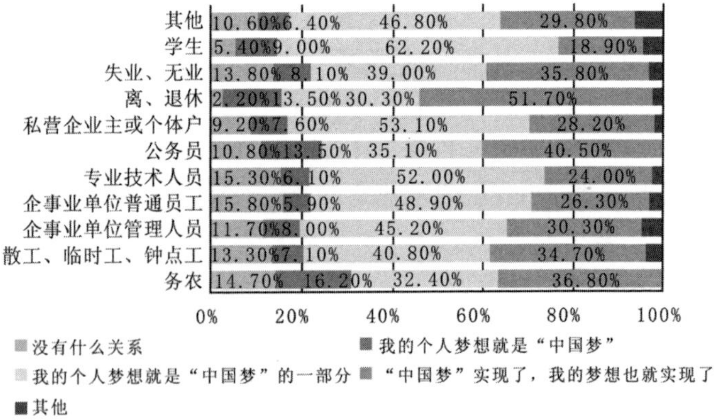

图 28　不同年龄受访者“中国梦”与个人梦想之间的关系

（三）圆梦："中国梦"的实现

10. "中国梦"能否实现。

对"中国梦"能否实现，大部分人持保留乐观态度，认为克服掉一些阻碍因素的情况下可以实现。全省随机CATI数据显示，70.93%的居民持保留乐观态度，18.46%的居民持乐观态度，6.42%的居民持消极态度，总体来看比较乐观；其他特定人群中，只有省情网受访者态度比较消极，35.00%认为不可能实现。（详见图29）

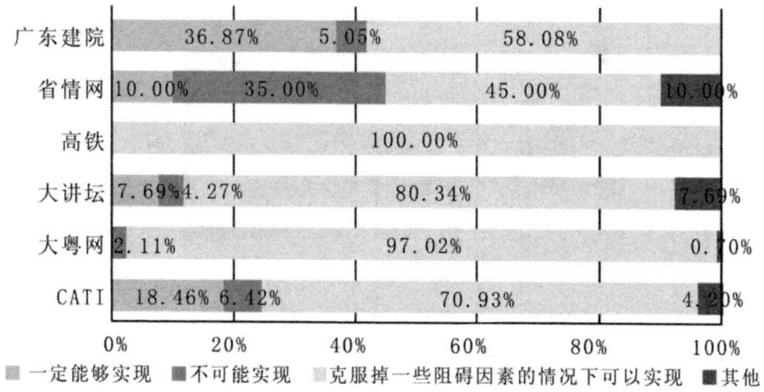

图29 "中国梦"能否实现

从相关性分析来看，年龄、文化程度与"对于'中国梦'的实现，您认为以下哪种说法更符合您的想法"的回答呈显著相关性。

对年龄、文化程度进一步交叉分析发现，对"中国梦"的实现45岁以上年龄的居民明显比45岁以下年龄的更为积极；文化程度越高，对"中国梦"的实现所持的态度越悲观。（详见图30－图31）

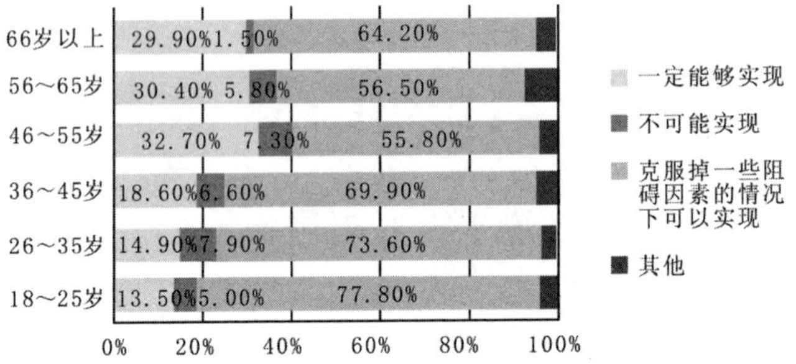

图 30　不同年龄受访者对“中国梦”能否实现的看法

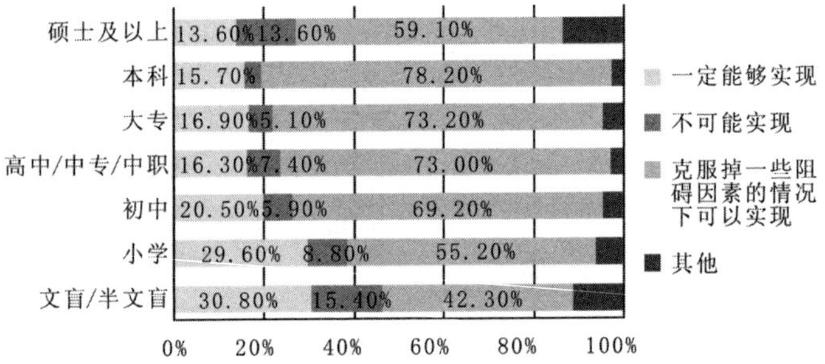

图 31　不同文化程度受访者对“中国梦”能否实现的看法

11. 实现“中国梦”的阻碍因素。

对于实现“中国梦”的阻碍因素，居民认为主要是贪污腐败，其次是法制不健全和社会严重不公。由于该题在不同调查渠道操作上存在差别，CATI 为单选，其他方式都是多选，因此不同方式的调查结果可比性不强，但所有数据都超过 50% 的受访对象认为贪污腐败是阻碍“中国梦”实现的主要因素。(详见图 32)

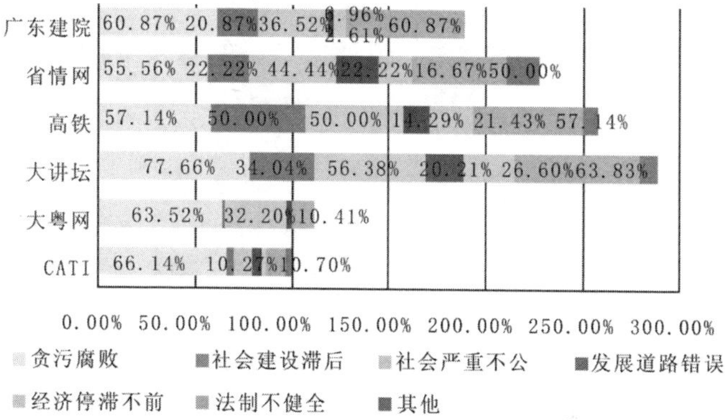

图 32　实现“中国梦”的阻碍因素

从相关性分析来看，文化程度、个人月收入对“您认为哪些因素会阻碍‘中国梦’的最终实现”的回答呈显著相关性。

对文化程度、个人月收入进一步交叉分析发现，文化程度中等的更多人认为贪污腐败会阻碍“中国梦”的最终实现，文化程度低等和高等的反而贪污腐败的选择率更小；个人月收入 2 万元以上的高收入人群和月收入 5001 ~ 8000 元的白领阶层对贪污腐败的选择率更高一些，达到半数。(详见图 33 – 图 34)

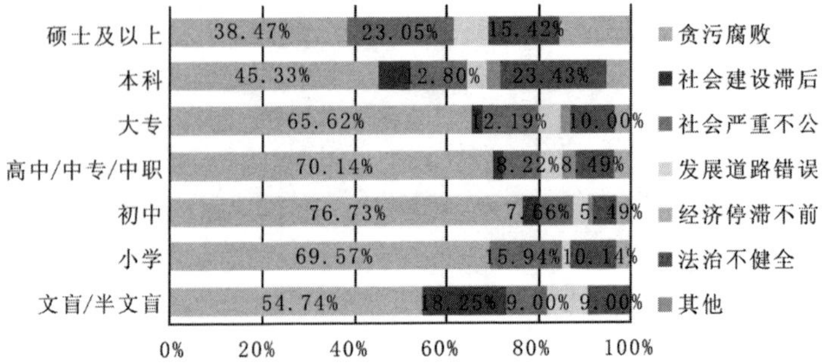

图33　不同文化程度居民认为实现“中国梦”的阻碍因素

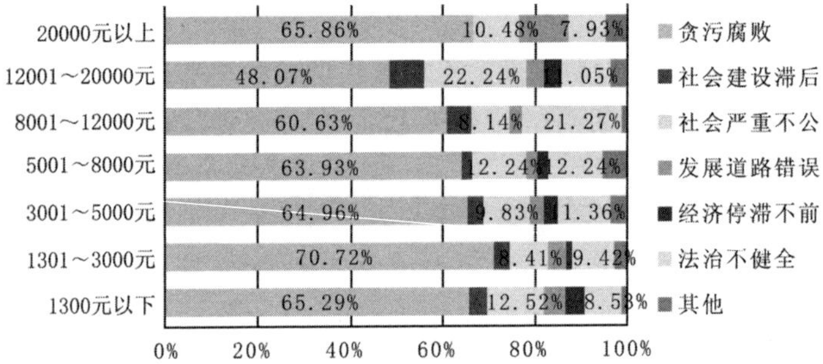

图34　不同个人月收入居民认为实现“中国梦”的阻碍因素

附表 1：不同调查方式选择频率表

		CATI	大粤网	大讲坛	高铁	省情网	广东建院
一、请问您听说过“中国梦”这个说法吗？（单选）	听说过	52.53%	96.81%	93.16%	85.71%	97.50%	100.00%
	没听说过	47.47%	3.19%	6.84%	14.29%	2.50%	0.00%
二、请问，您所了解的“中国梦”是指什么吗？（单选）	经济快速、稳定地发展	10.93%	2.80%	1.83%	33.33%	0.00%	19.70%
	实现社会、人民、环境等各方面的和谐	19.74%	24.92%	20.18%	16.67%	17.95%	18.69%
	国家富强、民族振兴、人民幸福	49.00%	65.76%	66.06%	50.00%	76.92%	51.52%
	国家、人民的幸福	11.05%	4.43%	7.34%	0.00%	2.56%	6.57%
	实现共产主义	6.35%	2.10%	1.83%	0.00%	0.00%	3.54%
	其他	2.94%	0.00%	2.75%	0.00%	2.56%	0.00%
三、对于上面介绍的习近平总书记提出的“中国梦”的宣传，请问您以前听说过吗？（单选）	听说过	51.36%	96.40%	72.65%	78.57%	95.00%	99.49%
	没听说过	48.64%	3.60%	27.35%	21.43%	5.00%	0.51%

续上表

		CATI	大粤网	大讲坛	高铁	省情网	广东建院
四、您最早是从哪里听到关于习近平总书记“中国梦”的宣传呢？（单选）	电视的新闻节目	69.59%	58.52%	52.94%	45.45%	73.68%	51.53%
	报纸、杂志	7.69%	4.01%	15.29%	18.18%	13.16%	18.37%
	单位文件传达	0.84%	0.79%	7.06%	9.09%	2.53%	12.24%
	听其他人说的	2.76%	1.50%	8.24%	18.18%	2.63%	17.86%
	网络		35.03%				
	其他	19.11%	0.14%	16.47%	9.09%	7.89%	0.00%
五、对于“中国梦”，您个人更认同以下的哪一种说法？（单选）	这是一个理想境界，但实现起来是很困难的	32.84%	30.45%	18.10%	7.14%	7.50%	22.84%
	是一种为了凝聚国民，增加国家向心力的价值观的宣传	50.19%	53.75%	78.45%	92.86%	85.00%	68.02%
	空想，没有实现的可能	6.67%	9.07%	0.00%	0.00%	0.00%	2.54%
	与我好像没什么关系	6.48%	6.73%	0.00%	0.00%	0.00%	6.60%
	其他	3.83%	0.00%	3.45%	0.00%	7.50%	0.00%

续上表

		CATI	大粤网	大讲坛	高铁	省情网	广东建院
六、您觉得以下哪个是实现个人梦想最重要的两个条件？（限选两项）	个人努力与意志	73.64%	47.63%	88.89%	42.86%	87.50%	67.17%
	机会和运气	30.93%	32.97%	51.28%	21.43%	42.50%	37.37%
	有个“好爹”（出身决定一切）	10.06%	45.73%	4.27%	14.29%	0.00%	8.59%
	国家政策	42.41%	22.52%	21.37%	35.71%	37.50%	26.77%
	国家经济的发展	34.44%	12.21%	17.09%	42.86%	27.50%	41.92%
	其他	2.28%	0.07%	1.71%	0.00%	5.00%	0.00%
七、对于“中国梦”与个人梦想之间的关系，您认为以下哪种描述更为恰当？（单选）	没有什么关系	11.98%	23.37%	5.17%	0.00%	2.50%	6.57%
	我的个人梦想就是“中国梦”	7.96%	4.50%	0.86%	7.14%	0.00%	10.10%
	我的个人梦想就是“中国梦”的一部分	47.04%	49.39%	81.90%	71.43%	75.00%	68.69%
	“中国梦”实现了，我的梦想也就实现了	29.88%	22.37%	7.76%	21.43%	7.50%	12.63%
	其他	3.15%	0.36%	4.31%	0.00%	15.00%	2.02%

续上表

		CATI	大粤网	大讲坛	高铁	省情网	广东建院
八、对于“中国梦”的实现，您认为以下哪种说法更符合您的想法。	一定能够实现	18.46%	0.16%	7.69%	0.00%	10.00%	36.87%
	不可能实现	6.42%	2.11%	4.27%	0.00%	35.00%	5.05%
	克服掉一些阻碍因素的情况下可以实现	70.93%	97.02%	80.34%	100.00%	45.00%	58.08%
	其他	4.20%	0.70%	7.69%	0.00%	10.00%	0.00%
九、那么您认为哪些因素会阻碍“中国梦”的最终实现呢？	贪污腐败	66.14%	63.52%	77.66%	57.14%	55.56%	60.87%
	社会建设滞后	3.22%	1.21%	34.04%	50.00%	22.22%	20.87%
	社会严重不公	10.27%	32.20%	56.38%	50.00%	44.44%	36.52%
	发展道路错误	4.09%	2.02%	20.21%	14.29%	22.22%	2.61%
	经济停滞不前	2.18%	1.21%	26.60%	21.43%	16.67%	6.96%
	法制不健全	10.70%	10.41%	63.83%	57.14%	50.00%	60.87%
	其他	3.39%	0.48%	9.57%	7.14%	16.67%	0.00%

附表 2：背景资料情况表

		CATI	大粤网	大讲坛	高铁	省情网	广东建院
（1）性　别	男	66.23%	81.95%	39.32%	50.00%	50.00%	66.67%
	女	33.77%	18.05%	60.68%	50.00%	50.00%	33.33%
（2）年　龄	18～25 岁	26.11%	18.63%	88.89%	0.00%	20.00%	98.48%
	26～35 岁	32.72%	47.58%	1.71%	50.00%	27.50%	1.01%
	36～45 岁	22.59%	23.48%	2.56%	42.86%	22.50%	0.00%
	46～55 岁	10.19%	7.30%	4.27%	0.00%	17.50%	0.51%
	56～65 岁	4.26%	2.25%	1.71%	7.14%	7.50%	0.00%
	66 岁以上	4.14%	0.75%	0.85%	0.00%	5.00%	0.00%
（3）户　籍	当地户籍人口	63.15%	38.75%	69.57%	50.00%	67.50%	84.78%
	非当地户籍常住人口（居住半年以上）	19.38%	54.18%	29.57%	25.00%	30.00%	8.15%
	暂住人口（居住半年以下）或流动人口	17.47%	7.06%	0.87%	25.00%	2.50%	7.07%

续上表

		CATI	大粤网	大讲坛	高铁	省情网	广东建院
（4）文化程度	文盲/半文盲	1.60%	1.16%	0.00%	0.00%	0.00%	0.51%
	小学	7.72%	1.77%	0.00%	0.00%	0.00%	0.00%
	初中	21.05%	15.04%	0.00%	0.00%	0.00%	0.51%
	高中/中专/中职	34.81%	32.06%	5.13%	21.43%	5.13%	0.51%
	大专	19.32%	25.53%	2.56%	14.29%	17.95%	96.92%
	本科	14.14%	20.83%	88.03%	57.14%	61.54%	1.54%
	硕士及以上	1.36%	3.61%	4.27%	7.14%	15.38%	0.00%
（5）职　　业	务农	4.20%	3.00%	0.00%	0.00%	2.56%	0.00%
	散工、临时工、钟点工	6.05%	6.85%	0.00%	0.00%	5.13%	0.00%
	企事业单位管理人员	11.60%	13.34%	0.85%	7.14%	20.51%	0.00%
	企事业单位普通员工	21.85%	20.47%	3.42%	64.29%	15.38%	0.51%
	专业技术人员	12.10%	22.82%	0.85%	0.00%	23.08%	1.01%
	公务员	2.28%	2.28%	0.85%	0.00%	7.69%	0.00%

续上表

		CATI	大粤网	大讲坛	高铁	省情网	广东建院
（5）职　业	私营企业主或个体户	16. 17%	18. 33%	0. 00%	14. 29%	0. 00%	0. 00%
	离、退休	5. 49%	2. 07%	3. 42%	7. 14%	7. 69%	0. 00%
	失业、无业	7. 59%	4. 85%	2. 56%	7. 14%	0. 00%	0. 00%
	学生	6. 85%	5. 85%	88. 03%	0. 00%	12. 82%	98. 48%
	其他	5. 80%	0. 14%	0. 00%	0. 00%	5. 13%	0. 00%
（6）个人月总收入	1300 元以下	18. 23%	10. 61%	84. 44%	0. 00%	15. 38%	91. 41%
	1301 ~ 3000 元	34. 73%	27. 46%	4. 44%	15. 38%	15. 38%	6. 06%
	3001 ~ 5000 元	25. 26%	33. 63%	5. 56%	69. 23%	33. 33%	2. 53%
	5001 ~ 8000 元	10. 24%	15. 26%	2. 22%	7. 69%	15. 38%	0. 00%
	8001 ~ 12000 元	5. 93%	7. 07%	2. 22%	7. 69%	7. 69%	0. 00%
	12001 ~ 20000 元	2. 32%	2. 91%	1. 11%	0. 00%	7. 69%	0. 00%
	20000 元以上	3. 29%	3. 05%	0. 00%	0. 00%	5. 13%	0. 00%

附表3：调查问卷

2013 广东中国梦问卷调查

尊敬的女士/先生：

您好！

感谢您参加本次民意调查活动。此次调查目的是了解公众对“中国梦”概念的认知情况，为政府改进工作提供参考。

请根据您的实际感受，在相应序号位置处填“○”，如无特殊说明，均为单选。根据《统计法》的规定，问卷中涉及的所有个人及家庭的资料将严格保密。

非常感谢您的参与！

广东省省情调查研究中心

二〇一三年五月

一、请问您听说过“中国梦”这个说法吗？（单选）

A. 听说过

B. 没听说过

二、提到“中国梦”，请问您首先会想到什么？

三、（针对第一题选A的受访对象）请问，您所了解的“中国梦”是指什么吗？（单选）

A. 经济快速、稳定地发展

B. 实现社会、人民、环境等各方面的和谐

C. 国家富强、民族振兴、人民幸福

D. 国家、人民的幸福

E. 实现共产主义

F. 其他（请注明）__________

（概念解释：向受访对象简单地描述“中国梦”的概念，然后继续以下的询问）

概念：

十八大后，2012年11月29日，习近平带领新一届中央领导集体参观中国国家博物馆“复兴之路”展览时提到：实现中华民族伟大复兴，就是中华民族近代以来最伟大的梦想。

实现全面建成小康社会、建成富强民主文明和谐的社会主义现代化国家的奋斗目标，实现中华民族伟大复兴的中国梦，就是要实现国家富强、民族振兴、人民幸福，既深深体现了今天中国人的理想，也深深反映了我们先人们不懈奋斗追求进步的光荣传统。

四、对于上面介绍的习近平总书记提出的“中国梦”的宣传，请问您以前（本次访问之前）听说过吗？

A. 听说过

B. 没听说过

五、（针对第四题选A的受访对象）您最早是从哪里听到习近平总书记的“中国梦”的宣传呢？（单选）

A. 电视的新闻节目

B. 报纸、杂志

C. 单位文件传达

D. 听其他人说的

E. 其他（请注明）__________

六、对于“中国梦”，您个人更认同以下的哪一种说法？（单选）

A. 这是一个理想境界，但实现起来是很困难的

B. 是一种为了凝聚国民，增加国家向心力的价值观的宣传

C. 空想，没有实现的可能

D. 与我好像没什么关系

E. 其他（请注明）__________

七、对您个人的工作生活来说，您的梦想是什么？

八、您觉得以下哪个是实现个人梦想最重要的两个条件？（限选两项）

A. 个人努力与意志

B. 机会和运气

C. 有个“好爹”（出身决定一切）

D. 国家政策

E. 国家经济的发展

F. 其他（请注明）__________

九、对于“中国梦”与个人梦想之间的关系，您认为以下哪种描述更为恰当？（单选）

A. 没有什么关系

B. 我的个人梦想就是“中国梦”

C. 我的个人梦想就是“中国梦”的一部分

D. “中国梦”实现了，我的梦想也就实现了

E. 其他（请注明）__________

十、对于“中国梦”的实现，您认为以下哪种说法更符合您的想法。

A. 一定能够实现

B. 不可能实现

C. 克服掉一些阻碍因素的情况下可以实现

D. 其他（请注明）__________

十一、（针对第十题回答C的被访对象询问）那么您认为哪些因素会阻碍“中国梦”的最终实现呢？

A. 贪污腐败

B. 社会建设滞后

C. 社会严重不公

D. 发展道路错误

E. 经济停滞不前

F. 法制不健全

G. 其他（请注明）__________

调查对象基本资料（以下资料保密，仅供统计之用）

（1）性别：1. 男　2. 女

（2）年龄：1. 18～25 岁　2. 26～35 岁　3. 36～45 岁
4. 46～55 岁　5. 56～65 岁　6. 66 岁以上

（3）户籍：1. 户籍人口
2. 非户籍常住人口（居住半年以上）
3. 暂住人口（居住半年以下）或流动人口

（4）文化程度：1. 文盲/半文盲　2. 小学　3. 初中
4. 高中/中专/中职　5. 大专　6. 本科
7. 硕士及以上

（5）职业：1. 务农
2. 散工、临时工、钟点工
3. 企事业单位管理人员
4. 企事业单位普通员工
5. 专业技术人员
6. 公务员
7. 私营企业主或个体户
8. 离、退休
9. 失业、无业
10. 学生

11. 其他（请注明）：

（6）个人月收入：1. 1300元以下　2. 1301～3000元

3. 3001～5000元　4. 5001～8000元

5. 8001～12000元　6. 12001～20000元

7. 20000元以上

后 记

自习近平总书记提出中国梦以后，这个词成为国内外热议的一个词，也成为中国经济社会发展的一个关键词。2014 年，习近平总书记访欧期间，向世界明确了中国梦是追求和平的梦、追求幸福的梦、奉献世界的梦。

在从传统社会向现代社会转型的过程中，中国梦以对历史和现实的深刻把握，强化了中国特色社会主义发展道路的认识，明确了未来 30 年的奋斗目标，深化了对中国社会发展规律的自觉尊重，强调了中国现代化发展的价值方向，升华了我们党领导中国基本实现社会主义现代化的执政理念，激发了中华民族的昂扬意志，描绘了中华民族美好的未来，为中国的进一步改革开放和现代化发展树立了精神的旗帜。

深刻理解和全面把握中国梦的重大意义、基本内涵、本质属性、重要遵循和根本保障，对引导全省人民为实现中华民族伟大复兴中国梦和广东“三个定位、两个率先”的总目标而不懈奋斗具有重要的指导意义。为此，中共广东省委宣传部从 2013 年 6 月开始，在全省广泛组织开展“共筑中国梦”百姓宣讲教育活动。为配合此活动，在中共广东省委宣传部讲师团的指导下，广东省省情调查研究中心组织编撰了《中国梦是什么》一书。

全书共六章，用通俗易懂的语言阐述了中国梦的基本内涵、重大意义、本质属性，并以中华民族近百年走过的历史道路为鉴，指出了实现中国梦的重要遵循和根本保障，同时用生动活泼的例子展现了广东人如何敢为人先，在这一片热土上实现自己的梦想。

书后附录了广东省省情调查研究中心的《广东省居民对“中国梦”概念认知情况调查报告》，该调查是省内反应最快的关于中国梦的民意调查之一，旨在真实了解广东省居民对中国梦的认知现状，为省委、省政府开展中国梦教育宣传工作提供决策参考。

感谢暨南大学党委书记蒋述卓教授、广东外语外贸大学副校长董小麟教授、广东广播电视大学李义丰副教授对本书的内容与编写提供了宝贵意见。

感谢广东省省情调研中心专家顾问郑梓桢教授，广东省委党史办卢荻教授，广东省社会科学院夏辉副教授、刘勇副教授、邓江年副教授为本书各部分的审阅、修正、纂补做了大量工作。

《广东省情内参》编辑部为本书的编辑、整理、写作付出了辛勤的劳动。第一、二、三章由刘光金撰写，第四章由刘勇撰写，第五章由谢桂青、杨晓雯撰写，第六章由王静、肖慧、宋海啸撰写。广东省社科联主席田丰为本书提出了指导意见，广东省社科院陈实教授承担了全书的统稿工作。

附录中的调查报告由广东省省情调研中心王璐、王小琴执笔，整个《2013 广东中国梦问卷调查》得到腾讯大粤网和广东建设职业技术学院的积极支持与协助。

广东人民出版社从本书的策划、编撰到出版，都给予了大力支持和细致指导，保证了本书的质量。

可以说，本书是对中国梦的一次集体解读，在此，对关心和支持本书编辑出版的领导、单位和个人一并衷心致谢。

由于时间短促，思想和技术水平有限，本书错误与疏漏之处无可讳言，敬请读者批评指正，并望广大读者对全书所述有嘤鸣之爱。

编　者